"通古察今"系列丛书

城市化进程的历史反思
——以唐宋都城为中心

宁欣 著

河南人民出版社

图书在版编目(CIP)数据

城市化进程的历史反思：以唐宋都城为中心 / 宁欣著. —郑州：河南人民出版社，2019.12（2024.5 重印）
（"通古察今"系列丛书）
ISBN 978-7-215-11956-7

Ⅰ. ①城… Ⅱ. ①宁… Ⅲ. ①城市化-研究-中国-唐宋时期 Ⅳ. ①F299.294

中国版本图书馆 CIP 数据核字(2019)第 270992 号

河南人民出版社 出版发行

（地址：郑州市郑东新区祥盛街 27 号 邮政编码：450016 电话：0371-65788072）
新华书店经销　　　　　　永清县晔盛亚胶印有限公司印刷
开本　787 毫米×1092 毫米　　　1/32　　　印张　5
字数　70 千字
2019 年 12 月第 1 版　　　　　　2024 年 5 月第 3 次印刷

定价：48.00 元

"通古察今"系列丛书编辑委员会

顾　问　刘家和　瞿林东　郑师渠　晁福林
主　任　杨共乐
副主任　李　帆
委　员　(按姓氏拼音排序)
　　　　安　然　陈　涛　董立河　杜水生　郭家宏
　　　　侯树栋　黄国辉　姜海军　李　渊　刘林海
　　　　罗新慧　毛瑞方　宁　欣　庞冠群　吴　琼
　　　　张　皓　张建华　张　升　张　越　赵　贞
　　　　郑　林　周文玖

序　言

在北京师范大学的百余年发展历程中，历史学科始终占有重要地位。经过几代人的不懈努力，今天的北京师范大学历史学院业已成为史学研究的重要基地，是国家首批博士学位一级学科授予权单位，拥有国家重点学科、博士后流动站、教育部人文社会科学重点研究基地等一系列学术平台，综合实力居全国高校历史学科前列。目前被列入国家一流大学一流学科建设行列，正在向世界一流学科迈进。在教学方面，历史学院的课程改革、教材编纂、教书育人，都取得了显著的成绩，曾荣获国家教学改革成果一等奖。在科学研究方面，同样取得了令人瞩目的成就，在出版了由白寿彝教授任总主编、被学术界誉为"20世纪中国史学的压轴之作"的多卷本《中国通史》后，一批底蕴深厚、质量高超的学术论著相继问世，如八卷本《中国文化发展史》、二十卷本"中国古代社会和政治研究丛书"、三卷本《清代理学史》、五卷本《历史文化认同与中国统一多民族国家》、二十三卷本《陈垣全集》，以及《历史视野下的中华民族精神》《中西古代历史、史学与理论比较研究》《上博简〈诗论〉研究》等,这些著作皆声誉卓著,在学界产生较大影响,得到同行普遍好评。

除上述著作外,历史学院的教师们潜心学术,以探索精神攻关,又陆续取得了众多具有原创性的成果,在历史学各分支学科的研究上连创佳绩,始终处在学科前沿。为了集中展示历史学院的这些探索性成果,我们组织编写了这套"通古察今"系列丛书。丛书所收著作多以问题为导向,集中解决古今中外历史上值得关注的重要学术问题,篇幅虽小,然问题意识明显,学术视野尤为开阔。希冀它的出版,在促进北京师范大学历史学科更好发展的同时,为学术界乃至全社会贡献一批真正立得住的学术佳作。

当然,作为探索性的系列丛书,不成熟乃至疏漏之处在所难免,还望学界同人不吝赐教。

北京师范大学历史学院
北京师范大学史学理论与史学史研究中心
北京师范大学"通古察今"系列丛书编辑委员会
2019年1月

目 录

引 言 \ 1

一、从士人社会到市民社会 \ 5
　　（一）中国古代的市民社会 \ 6
　　（二）城市普通居民称谓的变化 \ 8
　　（三）城市居民主体的变化 \ 13

二、从封闭走向开放是城市化的必由之路 \ 24
　　（一）城市布局的变化 \ 24
　　（二）城市平面空间逐步扩大 \ 32
　　（三）城市立体空间的拓展 \ 53

三、城市公共空间的扩大 \ 77
　　（一）层次：唐长安的街与街区 \ 79

（二）长安城的区划与地域空间分配 \ 82

（三）来自笔记小说的启示 \ 85

（四）街道空间的政治社会功能 \ 89

四、城市建设重心的下移与面临的新问题 \ 115

（一）城市社会建设重心下移 \ 115

（二）公共服务体系的形成与建设 \ 122

（三）契约社会的形成与发展 \ 126

（四）重视城市生活服务业 \ 128

（五）制约、冲突与调节 \ 130

（六）应急机制的形成和完善 \ 134

余　论 \ 137

参考文献 \ 140

后　记 \ 149

引 言

我们关注的城市经济与社会,是指在城市范围(含大都市圈内的周边及辐射区)以及中国传统社会特有的城市与乡村的互动中形成的城市发展特点,包括人们在经济生活中形成的关系和由此带来的相关变化。这既是一个传统的领域,也被视为历史研究的新方向。

唐宋时期抑或唐宋之际的中国社会曾经发生了重要变革,这是中外史学界比较公认的看法。虽然大多数意见认为,唐代经济、政治、军事及文化方面发生的重大变化,是中国封建社会从前期向后期转变的标志,但是也有人主张把这种变革放在唐宋之际。尽管一些学者不赞成唐宋之际变革说,但是又肯定陈寅恪先生在《论韩愈》中说的唐代前期结束了南北朝相承的旧局面,唐代后期开启了赵宋的新局面的看法。前两种观点虽然有细微的差别，但如果把唐代从高宗武后时期开始到北宋前期的变化看成一个比较长期的渐进过程，则应该更符合长时段历史研究的特性。

由唐到宋的重大变革，政治、经济、军事、文化等诸多领域都呈现出与之前不同的面貌，而作为社会重要载体的城市，可以说往往起着既引领社会潮流又设置种种藩篱的双重作用。城市变革是唐宋社会变化的重要组成部分。在以城市为中心、以城市发展为中心的中国传统社会，城市的变革昭示了社会深刻而全面的变化。

对唐宋城市史的研究同时兼有纵向的宏观性和横向的多面性。唐宋时期是中国古代商品经济发展的又一个高峰期，也是城市历史上人口流动频率较高的时期，城市变化是社会发生深刻变化的集中表现，城市的数量、空间分布、职能和类型、人口数量和结构、人口流动、人口文化结构、城市网络体系、城市市场商品流通和商品结构的变化是城市变化乃至社会变化的集中反映。

城市变化在唐宋时期社会变革中具有至关重要的意义，20世纪初叶以来，城市史研究历经几代学人

引　言

的不懈探求获得了一定的成就，尤其是80年代以来，成果蔚为大观。综理和思考百年学术发展史，通过对重要学者和重要论题进行简略追溯，在研究中建立自我批判的自觉，是进一步拓展新研究视域的基础。

不论是从宇宙之都到生活之都，还是城市化进程，抑或是市民阶层的崛起，城市生活的俗世化倾向，城市革命的核心是什么？是什么力量主导了城市变革？变革后的城市我们应该如何认识？回顾百年学术史，我们总结出了什么新观念？提出什么样的新问题？今后研究与探索的空间在哪里？我们应该如何认识唐宋变革的命题给我们带来的新的思考，而不仅拘泥于它的命题限制？

本书将更多地关注对人、人群（群体）和社会的研究，对社会经济关系的研究，这是历史学的任务和重点、核心，也是我们研究城市社会历史的方向。唐宋城市变革"源"在唐，"流"在宋，溯源才能清流，在整体把握历史发展变化大脉络的基础上，对城市变革提出新的认识，才能开拓新的领域。

人口向大都市集中是城市化的基本特征。

城市化的定义仁智互见，但城市化的历史特征可以概括为：人口向大城市尤其是都城迅速和加速膨胀性聚集；财富向大城市尤其是以都城为代表的中心城市急剧集中，社会生活呈现出与以往不同的变化；城市社会阶级和阶层的分化、重组推动整个社会向新的历史阶段迈进。

中国中古时期向近世社会的迈进，古典城市化进程的开启和加速是一个明显的特征。从封闭走向开放的历史进程中，城市形制、城市规模、城市布局、城市人口构成、城市职能、城市建设重心都发生了具有历史坐标意义的变化，社会结构如何重组，政治与社会资源如何重新分配、国家财政税收如何调整，都是这一历史进程中面临的新的问题，并在新旧体制的交替中昭示着历史发展的大趋势，为我们审视今天的现代城市化进程提供了思考的空间。由于人口向大城市集中是城市化的基本特征，因此我们的讨论就从分析城市人口结构和数量的变化入手。

一、从士人社会到市民社会

城市人口结构与主体人群的变化,是唐宋时期城市社会发展变化的最重要和最显著的特征之一。从士人社会到市民社会的转型,是我们在研究唐宋城市化进程时必须重视和深入探讨的问题。这一时期城市社会的显著变化是有目共睹的,虽然没有酝酿和诞生如欧洲从中世纪走向近代资本主义社会的市民阶层(他们主导了此后欧洲的发展趋势,引领欧洲社会步入资本主义的轨道),但形成了城市社会的主体阶层——具有中国特色的市民,通过分析对城市居民称谓的变化以及城市居民主体的变化可以使我们对城市社会转型有更深刻的认识。

（一）中国古代的市民社会

我们所讨论的中国传统社会的市民及市民社会，不能与欧洲中世纪的城市市民进行简单的比附，因为两者处于不同的政治结构和社会结构中。中国古代城市居民构成有四个特点：一是在很长时期，城市社会的主体居民是皇室、贵族、官僚、军将等；二是城市主体人群的个体变化呈不稳定状态，往往是随着朝代的更迭和政治权力的重新分配，发生群体性更移；三是随着商品经济的发展，城市外来人口所占比重增大，人口流动频率高，呈现出人口向城市集中的趋势，即便是在实行严格坊市制的唐代长安，就在天子脚下，皇城根旁，仍然是"浮寄流寓不可胜计"[1]；四是城市出现了各种由市民参加的社会组织，虽然其中一部分组织有共同的利益诉求，但往往受到官府的控制和限制，并没有形成相对独立的与官府抗衡的社会阶层。这样四个特点，决定了城市居民的不稳定性和变化性，也

---

[1] 〔宋〕宋敏求、〔元〕李好文撰，辛德勇、郎洁点校《长安志·长安志图》卷一〇《西市》，三秦出版社，2013年，第337页。

决定了城市普通居民不易形成稳定的利益共同体。因此，我们探讨的市民并非专指"阶层"。复杂的、多层次的组合，才是中国古代城市居民（市民）的特点。

对中国市民阶层形成的时间，学界虽有不同说法，但都不大明确。比较普遍的看法是在宋元以后特别是明清时期普遍兴起的。唐宋时期应该是市民阶层的萌芽和形成时段。[1]

唐宋时期的城市社会的变化，从士人社会向市民社会的转型，并没有形成如欧洲中世纪时（作为王权和封建势力的对立面而存在和壮大）的独立的市民阶层。这里所说的唐宋城市市民是指居住在城市的一般居民，在城市社会发展的过程中，普通居民获得了更多的发展空间；有了自己的社团组织，有了更多机会

---

[1] 关于中国古代市民研究，参见吴铮强《中国古代市民史研究述评》，《云南社会科学》2003年第1期；徐勇《古代市民政治文化的独特性与局限性分析》，《江汉论坛》1991年第8期；伊永文《宋代市民生活》，中国社会出版社，1999年；冯尔康《中国社会结构的演变》，河南人民出版社，1994年；王曾瑜《宋朝阶级结构》，河北教育出版社，1996年；等等。此外，郭正忠认为市民仅仅是"坊郭户"中的一部分，"他们的社会成分或职业构成，纯为工商业者，至少绝大多数是工商业者，而不包括工商业者之外的其他城居人口——诸如官绅军吏之家"（《唐宋时期城市的居民结构》，《史学月刊》1986年第2期，第36—37页），其说可以商榷。

表达自己的意愿;文化娱乐、生活消费取向呈现俗世化的趋势;官府城市管理政策和措施中关注民生的部分逐渐增加;一般民众层面上的公共舆论的影响力增强;城市的公共保障事务市民阶层参与意识和参与程度增强。在上述意义上,市民逐渐成长为城市社会主体,"市民"这种具有普遍意义的称谓,也就在这时出现。

(二)城市普通居民称谓的变化

中国古代的城市居民,很长时间没有明确固定的统一称呼,至少有两个原因:一是城乡居民在行政区划和行政管理体制等方面并没有明确的区分,也没有明确的人口城乡区分管理制度;二是城市居民的成分比较复杂,流动性和变异性比较大。

隋唐以前暂时没有发现有"市民"称谓的记载。据载,唐代宗永泰元年(公元765年),正史上第一次出现"市民"的称谓,《旧唐书·郭子仪传》载:"(代宗永泰元年)天子以禁军屯苑内。京城壮丁,并令团结。城二门塞其一。鱼朝恩括士庶私马,重兵捉城门,市

一、从士人社会到市民社会

民由窦穴而遁去,人情危迫。"[1]这里的"市民"显然是包括市区和坊区的工商业户和一般居民。

在"市民"称谓逐渐普及的过程中,我们还看到对城市居民的统称出现多样化的情况,用"士女""士民""士庶"等称呼城市居民,最初应该也并非对城市居民的专称,只是强调其广泛性,但总的趋势是这几种称谓逐渐普遍地用于对城市居民的称呼。后唐清泰元年(公元934年)曾发布诏文[2],内容是在军费匮乏的情况下,如何额外搜刮城市居民,文中同时出现"士民""士庶""市民"的称呼,而且明显都是对城市居民的称谓。

此后,"市民"这一称呼的使用越来越普遍[3],但唐代在使用"市人"和"市民"时还是有区别的:使用"市人"往往是专指在市场经营的工商业者,使用"市民"时,则往往是泛指包括工商业者在内的城市居民。这说明,在当时人们的意识中,市民与商贾还有其不同

---

[1] 〔后晋〕刘昫:《旧唐书》,中华书局,1975年,第3462页。
[2] 〔宋〕王钦若等编撰《册府元龟》卷五一〇《重敛》,凤凰出版社校订本,2006年,第5800页。
[3] 与法国大革命前后的第三等级中城市平民的成长并不具有同样性质,社会发展也处于不同的历史阶段。

之处,"市民"显然比单纯从事(工)商业活动的群体更具有广泛性。

这种称谓的变化,是城市社会发生变化的反映,是从士人社会走向市民社会的具有标志性的转变。还有一种现象已经引起人们的关注,即坊望逐渐与地望、郡望并用,成为城市社会中士人家世、出身的标志性称呼。毛汉光先生提出的士族中央化趋势[1],对我们研究城市社会转型有很重要的启发。我们在考察城市居民认定来源标志的形式称谓时发现其也有同步中央化的迹象,其表现是从郡望籍贯转而更重视城居环境和背景了。唐代人将郡望籍贯作为对某人的称谓是比较普遍的现象,如张(九龄)曲江、韩(愈)昌黎、孟(浩然)襄阳、柳(宗元)河东等,应该是士族门阀占统治地位时期对郡望和籍贯的尊崇的余绪。但在唐中叶以后,我们也注意到坊望成为城居背景的趋势,正所谓"元和后,大臣有德望者,以居里显"[2]。用所居住的

---

[1] 参见毛汉光《中国中古社会史论》第八篇《从士族籍贯迁移看唐代士族之中央化》,联经出版事业公司,1988年,第235—338页。
[2] 〔宋〕欧阳修、宋祁:《新唐书》卷一七七《李景让传》,中华书局,1975年,第5291页。

一、从士人社会到市民社会

城内坊区名作为识别人物的标志性称谓,逐渐成为时尚,如"安邑李吉甫"、"靖安李宗闵"、"驿坊韦澳"[1]、"乐和李景让"[2]、"靖恭、修行二杨"[3]、"靖恭杨家"[4]、

---

[1] 〔后晋〕刘昫:《旧唐书》卷一五《宪宗本纪下》,第453页;〔宋〕李昉等编《太平广记》卷一五三《裴度》,中华书局,1961年,第1101页;〔宋〕司马光:《资治通鉴》卷二三九"宪宗元和十年六月",中华书局,1956年,第7835页。

[2] 〔宋〕欧阳修、宋祁:《新唐书》卷一七七《李景让传》,第5291页。

[3] 〔宋〕钱易:《南部新书》,己"近俗以权臣所居坊呼之,安邑,李吉甫也;靖安,李宗闵也;驿坊,韦澳也;乐和,李景让也;靖恭、修行,二杨也;皆仿此",中华书局,2002年,第80页。

[4] 〔宋〕宋敏求、〔宋〕李好文撰,辛德勇、郎洁点校《长安志·长安志图》卷九"靖恭坊","集书院、工部尚书杨汝士宅。注:与其弟虞卿汉公鲁士同居,号靖恭杨家,为冠盖盛族"(三秦出版社,2013年,第309—310页);〔明〕彭大翼:《山堂肆考》卷八二《四世公卿》,"又,唐杨汝士父子两世公卿,门族昌盛,所居靖恭里,号曰靖恭杨家",四库全书本,第975册,上海古籍出版社,1989年,第539页;〔后晋〕刘昫:《旧唐书》卷一七六《杨虞卿传》,虞卿从兄汝士,"初汝士中第,有时名,遂历清贯。其后诸子皆至正卿,郁为昌族。所居静恭里,知温兄弟,并列门戟。咸通中,昆仲子孙,在朝行方镇者十余人"第4565页)。

"修行杨家"[1]、"靖恭诸杨"[2]。其中,安邑、靖安、靖恭、修行都是长安的坊名,乐和是洛阳的坊名,而所涉及的人物,大多也是当时的名人。李吉甫,德宗(公元779—805年在位)贞元时入仕,宪宗(公元805—820年在位)朝宰相;李宗闵,宪宗元和时入仕,文宗(公元826—840年在位)朝宰相;韦澳,宣宗(公元846—859年在位)朝官至京兆尹;李景让,宣宗朝官至吏部尚书、御史大夫;靖恭诸杨,是指杨汝士、杨虞卿等"两世公卿";修行杨家则指杨收,宣宗朝官至宰相,子弟多人官居台省丞郎。《唐国史补》卷中云:"近

---

[1] 〔宋〕宋敏求撰,辛德勇、郎洁点校《长安志·长安志图》卷八"修行坊","崔州司马杨收宅"注"收兄发,假弟严,皆显贵,号修行杨家,与靖恭诸杨相比"(三秦出版社,2013年,第294页);〔清〕彭定求等编《全唐诗》卷五一七:"杨乘,发之子,大中初,登进士第,终殿中侍御史。发兄弟四人,与诸群从,皆以文学登高第,时号修行杨家。"中华书局,1960年,第5907页。〔宋〕李昉等编的《太平广记》卷一五五《杨收》引《北梦琐言》:"唐宰相杨收,江州人。祖为本州都押衙。父维直,兰溪县主簿,生四子,发、嘏、收、严,皆登进士第。收即大拜,发已下皆至丞郎。发以春为义,其房子以柷以乘为名;嘏以夏为义,其房子以照为名;收以秋为义,其房子以钜、鏻、鉴为名;严以冬为义,其房子以注、涉、洞为名,尽有文学,登高第,号曰修行杨家。与静恭诸杨,比于华盛"第1113页)。
[2] 〔宋〕钱易:《南部新书》,第80页。

一、从士人社会到市民社会

俗以权臣所居坊呼之,李安邑最著,如爵邑焉。"[1]"坊望"具有"爵邑"的地位,似仅见于两京,有些坊也因为有某个著名的人物居住而闻名。在某种情况下,对城居背景的重视甚至超过了传统的地望。士族中央化的过程,也是士族认同城居背景的过程,是中国中古时期城市化进程的重要特征。

将城市居民统称为"市民"是唐中叶以后逐渐普及的,这种称谓的相对固定化,表明当时的城市主流社会对城居背景的认同,也说明从事工商业的人户和普通居民成为城市的主体人群。

(三)城市居民主体的变化

中国古代城市社会居民的构成是多元性、复合性的。这种多元性和复合性的来源和构成也是有变化的。城市居民的主体尽管仍然保持了其所具有的复合性和多元性的特质,却也在发生变化,与此同时城市社会的重心也逐渐发生了迁移。

---

[1] 〔唐〕李肇:《唐国史补》,上海古籍出版社,1979年,第49页。

城市化进程的历史反思

我们这里所说的城市居民主体变化,主要是从两个方面看:一是人口结构上的变化;二是社会生活和城市社会建设重心的变化。

古代城市社会居民构成比较复杂,尤以都城社会为甚。从身份和社会阶层看,有皇室、贵族、官僚、平民、奴婢等;从职业角度看,有工匠、商人、军人、艺人、外来雇佣劳动者、僧道等宗教人士等;从户籍管理角度看,有常住人口、暂住人口、外来人口、流动人口等。史载,战国都城临淄,有七万户,"其民无不吹竽鼓瑟,弹琴击筑,斗鸡走狗,六博蹋鞠者",由于人口多,城内道路拥挤,"车毂击,人肩摩,连衽成帷,举袂成幕,挥汗成雨"[1],展现了城市人口构成具有的多样性。

秦汉时期,都城以宫殿区为中心,外郭城的形制和管理都不甚规范,以致在学术界也产生很多不同看法。可以说,在魏晋隋及唐前期,城市社会的主流是士人,虽然也有工商杂类等人口围绕在宫殿区的中心城区周围,甚至进入中心城区的边隅,但城市政治、社会生活的方方面面主要都围绕着士人的情趣、喜好、

---

[1]〔汉〕司马迁:《史记》卷六九《苏秦列传》,中华书局,1959年,第2257页。

一、从士人社会到市民社会

风尚开展。即便是统治者开国之初,或为充实京师或为削弱地方势力而从各地强行迁徙的豪强和工商业者人口,并没有进入中心城区,而往往是安排在郭城。

魏晋南北朝时期,里坊制逐渐成型,最重要的变化就是外郭城逐渐成为城市发展的重要区域,成为众多的外来人口和各种成分的普通居民的居住区,正所谓"人杂五方"[1]。北魏洛阳城郭城中里的名称也可以显示出人口身份与职业的构成及分布的多样化,如通商、达货二里,居民主要是各种手工业者、屠夫和商贩;调音、乐律二里,居民以艺人为多;退酤、冶觞二里,是从事酿酒业者集中居住区;慈孝、奉终二里,居民主要从事丧葬业;准财、金肆二里,是富人聚居区;王子坊,是皇亲贵族聚居区;还有专为安置"南来投化者"[2]的吴人坊。

北魏洛阳,官署、寺院、官邸、民宅混杂,行政区、居民区和商业区的区划并不规范。说明郭城的规划并没有完全实现。街道的规划和郭城的管理也不完

---

[1] 〔唐〕魏征:《隋书》卷三一《地理下》,中华书局,1973年,第887页。
[2] 〔魏〕杨衒之撰,周祖谟校释《洛阳伽蓝记校释》卷二"城东",中华书局,2010年,第89页。

善，城市社会建设的重心仍然在内城及内城周边区域。主要的商业区（大市、小市）和居民区都设在外郭城，从文献记载看，外郭城规模并不逊于唐长安的外郭城，不仅没有严格的区划和管理，其遗址也没有考古发掘证实。例如，著名的永宁寺和景乐寺不仅是宗教活动的中心，也是很多世俗活动的重要场所，永宁寺的位置是在内城的中心，"在宫前阊阖门南一里御道西。其寺东有太尉府，西对永康里，南界昭玄曹，北邻御史台"[1]。景乐寺位于阊阖南，御道东。"西望永宁寺正相当"[2]。可以推知，城市管理和社会重心仍然都是在内城。

　　隋唐时期城市实行严格的坊市制度，通过以都城为中心的考察，我们可以看到，不仅在空间布局上，而且在城市规划以及社会管理方面，外郭城已经逐渐成为城市社会发展的中心和重心。人口结构的变化是最值得关注的变化，其中有两个因素对加速城市人口

---

[1] 〔魏〕杨炫之撰，周祖谟校释《洛阳伽蓝记校释》卷一"城内"，第1页。
[2] 〔魏〕杨炫之撰，周祖谟校释《洛阳伽蓝记校释》卷一"城内"，第41页。

结构的变化起了非常重要的作用:一是确立了中央主持的选官制度——科举制和铨选制,造成"里闾无豪族,井邑无衣冠,人不土著,萃处京畿"[1],大量士人向京城集中流动;二是商品经济的发展以及城市与农村的二元结构,促使农村人口和工商业服务业人口大量向大中城市集中和流动。因此,大中城市的人口结构逐渐突破官府的户籍控制和管理体系,大量流动人口进入城市,加快了城市人口流动的频率。《长安志》在谈到长安官府户籍人口时,不得不承认当时城中"浮寄流寓不可胜计"。大量的外来人口中,进城务工的农村人口和从事工商业服务业的人口占有相当大的比例,也有一部分是番上的工匠、兵士和执役人员,很多人选择了役满后滞留京城。他们中大部分人是属于社会中下层,主要集中在外郭城区的坊市中和便于进城从业的城郊区。

---

[1] 〔唐〕杜佑:《通典》卷一七《选举五》,中华书局,1988年,第417页。

学者对长安人口数量做过种种分析和估计[1],从四五十万到一百八十万不等。虽然严耕望先生对流动人口的估计严重不足,但即便以严先生的推估分类,除宫廷人口和部分禁卫军将居住驻守在宫城和皇城内,中央政府官吏大部分在皇城和宫城内办公,其余一百多万人口都居住在外郭城,他们的社会活动也主要是在外郭城开展。恰恰是流动人口和外来人口推动着城市社会结构的变化,是促使城市从士人社会向市民社会转型的主要因素之一。

唐代中后期,随着城市发展重心向外郭城区的倾斜,随着普通居民和外来人口所占比重的增加,士人与普通市民在城市生活方面的取向逐渐交汇。

城市建设、发展与管理的重心是外郭城的坊市区,坊市区的居民不仅数量和比例在城市总人口中占有绝对优势,而且也逐渐成为城市社会的主体,城市社会

---

[1] 〔日〕妹尾達彦:《唐長安人口論》(《堀敏一先生古稀記念中国古代論集の国家と民衆》,汲古書院,1995年,第561—597页),文中有《过去长安人口推计一览表》。严耕望:《唐代长安人口数量之估测》(中国唐代学会编辑委员会编《第二届唐代文化研讨会论文集》,台湾学生书局,1995年,第1—20页),严文中对流动人口的估计显然不够充分,也有可能作者是将相当一部分流动人口按一般市民统计了。

的各种大型活动，越来越多地围绕着他们展开。有些属于官方政治性活动，有些属于官方组织或倡导的文化娱乐性活动，有些属于官方认可、民间筹办的文化娱乐及商业活动。例如，隋炀帝为炫耀国威而每年举办正月大朝会，《隋书·音乐志下》对此有形象生动的描述，规模盛大，官民同乐，歌舞者近三万人。再如，唐代的上元灯节，也属于官方主持和组织的大型活动。

通过对大型活动的生动描述，我们看到有两个特点：一是这些活动突破封闭的空间，选择了开放式的方式，活动的区域大都在外郭城的街道或打通坊市甚至打通外郭城和皇城这样大的空间区域举行；二是这些活动是面向广大普通民众的，参与者（包括表演者、围观者和出资者）具有广泛性。那些由官方组织或倡导的文化娱乐性活动，或由官方认可、民间筹办的文化娱乐及商业活动，其开放性和广泛性更毋庸置疑。

由皇帝本人亲自主持的一些活动，或是为了"亲民"，或是为了加强活动和仪式的效果和影响，也往往选择能与市民呼应的场所。跨内外城的城楼包括兴庆宫的勤政楼和花萼楼，都是举办文化娱乐活动时皇帝登临的地点。玄宗（公元712—756年在位）曾选择在勤政楼举行献俘仪式，如天宝十三载（公元754年），北庭都护程千里生擒阿布思"献俘于勤政楼，斩之于朱雀街"[1]。玄宗还经常在花萼楼下举办百戏演出。因此，这些活动主要面对的是城市民众，而非达官显贵。开元十七年（公元729年）八月癸亥，玄宗诞日宴百僚于花萼楼下，张祜《千秋乐》诗云："八月平时花萼楼，万方同乐奏千秋；倾城人看长竿出，一伎初成赵解愁。"[2]"倾城人"都可以观赏花萼楼下的长竿表演，这与花萼楼的地理位置有关。勤政楼，全名勤政务本楼；花萼楼，全名花萼相辉楼。它们都位于兴庆宫南墙偏西，兴庆宫紧邻春明门且西南隔街邻东市，南俯大道，可观览街市。玄宗将艺术表演安排在花萼楼下，是为了"与民同乐"。这里的"民"，主要是普通城市居民。玄宗时还在曲江池造紫云楼于江边，"至期，上率宫嫔，垂帘观焉。命公卿士庶大酺，各携妾妓以往，倡优、缁黄无不毕集。先期设幕江边，是以商贩皆以奇货丽物陈列，豪客、园户争以名花布道。进士乘马，

---

[1]〔后晋〕刘昫：《旧唐书》卷一八七下《程千里传》，第4903页。
[2]〔清〕彭定求等编《全唐诗》卷一五〇，第393页。

一、从士人社会到市民社会

盛服鲜制,子弟仆从随后,率务华侈"。[1]

我们从史书记载中看到,唐代官方举行或组织的很多重要活动,如献俘、行刑、迎佛骨、正月灯会、祈雨等,经常选择以外郭城区为主的区域。皇帝因不便下到街坊与民同悲喜,会选择在内外城交界的城门楼上主持或观览。宪宗元和十四年(公元819年)皇帝登临安福门主持从凤翔法门寺迎佛骨进京仪式,甚至从门楼走到更贴近民众的寺院[2]。

统治者举办这些活动和仪式的目的,不论是欢庆、娱乐、祈福、避灾、宣示、警诫,都是尽可能地动员、吸引民众的关注和参与,可以说,城市发展和建设逐渐向普通市民倾斜。

妹尾达彦教授在他的《长安的都市规划》(《長安

---

[1] 〔清〕毕沅:《关中胜迹图志》卷六"曲江池"引《春明退朝录》,三秦出版社,2004年,第206页。

[2] 〔日〕穴泽彰子:《关于唐代皇帝诞辰节场所的考察——从门楼到寺院》(杨振红、〔日〕井上彻编《中日学者论中国古代城市社会》,三秦出版社,2007年,第198—221页),专门探讨了皇帝诞日的祝寿仪式,指出寺院能给普通民众提供"相对平等的空间",是具有"聚客能力"的场所。

の都市計画》)[1]一书中提出"从宇宙之都到生活之都"的概念。其实,不仅是城市规划布局从理想到世俗发生的转变,也是城市社会重心从达官贵人向普通市民倾斜的转变。

从以官僚士大夫为主体的士人社会向以普通居民为主体的市民社会过渡,是唐宋城市社会最重要的变化。市民阶层的涵盖比较广泛,不仅包括商人、城市居民的中下阶层,并且逐渐将仍然占据社会主流的士人和官僚阶层的中下层人士吸纳进来,这些主流社会的人士,在城市变化的进程中,与普通居民有了更多的重叠和交叉点。在精神文化、日常娱乐、社会生活等方面也有了更多的交流和融汇。城市社会建设和发展重心的倾斜,还表现在诸如文人社会与世俗社会的交汇、坊市豪族的崛起、社会公共空间的拓展、市民为争取话语权的种种努力、社会公共资源的重新配置等,如何认识这种倾斜的发生和发展,已经有了很多

---

[1] 〔日〕妹尾達彦:《長安の都市計画》,第三章《住民が、長安を生活の都に変えた"1——宇宙の都から生活の都へ"》,講談社,2001年,第176—214頁。

一、从士人社会到市民社会

不同的视角[1]，但仍然是需要我们今后更深入探讨的论题。

---

[1] 不少学者从政治、地域空间、社会空间等多视角进行了多方面的研究。参见〔日〕平田茂树《宋代城市研究的现状与课题——从宋代政治空间研究的角度考察》，〔日〕中村圭尔、辛德勇主编《中日古代城市研究》，中国社会科学出版社，2004，第107—127页；〔日〕平田茂树《解读宋代的政治空间》，杨振红、〔日〕井上彻编《中日学者论中国古代城市社会》，三秦出版社，2007年，第233—271页；〔日〕穴泽彰子《关于唐代皇帝诞辰节场所的考察——从门楼到寺院》，杨振红、〔日〕井上彻编《中日学者论中国古代城市社会》，第198—221页；李孝聪《唐代城市的形态与地域结构——以坊市制的演变为线索》，李孝聪主编《唐代地域结构与运作空间》，上海辞书出版社，2003年，第248—306页；等等。

二、从封闭走向开放是城市化的必由之路

城市作为社会的载体,至少应该包括三个空间概念:一是地域空间,诸如城市区划、城市布局、城市建筑等;二是社会与政治空间,诸如居民结构、社会结构、社会流动、城市管理制度等;三是精神空间,诸如城市文化、城市社会心理、城市观念等。可以说,我们关注的城市空间应该具有多重性和多维性。

(一)城市布局的变化

我们从有形的空间考察唐代长安、北宋开封和南宋临安(杭州)的城市布局。

唐代都城长安是在隋朝大兴城的基础上又陆续扩

二、从封闭走向开放是城市化的必由之路

建和完善的。唐长安为三重城：内城二重，包括北部的宫城和南部的皇城；外郭城为一重。外城周长36.7公里，面积约84平方公里。内城位于郭城北部正中，宫城中心是皇帝起居和理政之所，两侧东为太子居所——东宫，西为后宫之所——掖庭，又称"大内"。高宗（公元649—683年在位）、武则天（公元690—705年在位）时期，政治中心逐渐转移到外郭城东北处原为皇帝"清暑"之所的大明宫。皇城是中央各官署办公之所，中央官署独立区划、与民居分离，始自隋文帝（公元581—604年在位）修建大兴城，凡三省六部、九寺五监、秘书省、御史台、十六卫官署都集中于此。外郭城由街、坊几大部分组成，朱雀大街为中轴街，左右两侧分别称东街和西街，十一条东西向大街和十四条南北向大街将外郭城分割为114坊[1]。东西两市，位于街东和街西中间偏北，各占两坊，是长安繁华区的两大中心区域。三重城都是相对独立和封闭的格局，居民的社会活动空间则主要是在坊市里进行，商业活动、文化娱乐活动、社会交往活动的空间

---

[1] 皇城内8坊以及街东又析分出的两坊不在内。

和时间都受到封闭式格局的限制。在三重城区中，变化最显著的是坊市区，唐宋城变化的关键即指坊市制度逐渐被突破。唐昭宗天祐元年（公元904年）在朱温胁迫下迁都洛阳，毁撤长安宫室、百司府廨、民间居室，又给了本已残破不堪的长安致命一击，"自此遂丘墟矣"。其后，京兆尹韩建对残破的长安城进行了重新规划和改建，所建新城由原来的三重城变为以原宫城和皇城为基础的内外二重城，总面积只相当于原来的十六分之一，内外城与原外郭城万年、长安两县城又形成子母城的关系，以加强防御。南北中轴线格局也因朱雀门的封闭有所变化，贯通景风门（东）和顺义门（西）大街东西中轴线的作用加强。整体内缩的格局，与唐末五代北宋政治中心逐渐东移、长安从中心轴心（长安—洛阳）的西端逐渐边缘化的趋势相适应。

唐代实行两都制，洛阳为东都，其政治地位仅次于长安，甚至在某个时间段，曾取代长安的政治中心地位。洛阳城，周长28公里，面积47平方公里。洛阳城市建制与长安同，分为内外城，内城包括宫城和

二、从封闭走向开放是城市化的必由之路

皇城,只是位置不是在全城的正北,而是西北部[1]。外郭城因洛水横贯而自然分成南北两区,郭城内纵横各10街,计112坊(原为103坊,后增),各坊面积均小于长安各坊,坊制同于长安。郭内设三市,分别为北市、南市和西市。北市,位于北郭中心,占一坊之地;南市,位于南郭中心,占两坊之地;西市,位于西郭的西南角,占一坊之地。三市分别临近漕渠、运渠和通化渠。内城与坊市区的比例大体同于长安。

洛阳城虽然仍实行严格的坊市制度,但因水陆交通在一定程度上打破了封闭式的格局,与长安相比,居民活动空间、交往空间和交易空间都更具开放性,再加上大部分时间皇帝和中央机构都在长安,洛阳城内官民商的社会氛围更宽松,受到的约束明显小于长安,自由度明显大于长安。史载,"唐贞观、开元之间,公卿贵戚开馆列第于东都者,号千有余邸"[2]。别墅、园林的兴建之风,一直延续到北宋。相对开放的城市

---

[1] 关于洛阳内外城布局,参见李孝聪《唐代城市的形态与地域结构——以坊市制的演变为线索》,李孝聪主编《唐代地域结构与运作空间》,第258—259页。

[2] 〔宋〕吕祖谦编《宋文鉴》卷一三一《书洛阳名园记后》,中华书局点校本,1992年,第1837页。

布局与游离于政治中心边缘的地位造就了洛阳与长安不同的城市社会氛围。

唐宋时期在政治中心逐渐东移的过程中，洛阳由原来唐长安—洛阳轴心格局的东端，经过连续震荡和多次摇摆，逐渐成为唐末五代宋初的洛阳—开封轴心格局的西端。

五代时期，政治中心已经东移。作为后周都城的汴州，原有的城市规模、坊市结构已不能适应都城发展的需求，最高统治者已经意识到了问题的严重性，显德二年（公元955年）四月，周世宗（公元954—959年在位）下诏："东京华夷辐辏，水陆会通，时向隆平，日增繁盛。而都城因旧，制度未恢，诸卫军营，或多窄狭，百司公署，无处兴修。加以坊市之中，邸店有限，工商外至，络绎无穷。僦赁之资，增添不定，贫乏之户，供办实难。"[1] 改造和扩建都城，已迫在眉睫。

后周世宗对汴州城的改造，重点在扩建。扩建后的汴州为三重城，第一重是以原唐宣武军节度使治所为皇城；第二重是原唐汴州州城，周围约20里，即里

---

[1]〔宋〕王溥：《五代会要》卷二六《城郭》，上海古籍出版社，2006年，第417页。

城；第三重是新建的外城，或称新城、罗城，周围48里有余，比原州城扩大了四倍，这一平面空间的扩延举措对汴州城市发展的重要性，专家学者多有论述[1]。

在后周汴州城扩建的基础上，北宋都城东京开封又经过几次扩建，仍然维持三重城的格局，即宫城、里城和外城。宫城，原为唐宣武军节度使治所；里城，原为唐汴州城，又名阙城；外城，又名新城、罗城，是显德三年（公元956年）发丁夫十万兴筑而成，比里城扩大了四倍，宋神宗时又加以扩建。

开封城市空间布局和形态与唐长安和洛阳已有所不同：

一是城市布局重心的变化：由中轴北靠转变为中心与重心合一。虽然还实行三重城布局，但依次由内而外，宫城位于外郭城的中心稍偏北。

二是城市活动平面空间的扩展：逾越过外城界线，城关区、城郊等城市边缘地区成为城内外居民和外来

---

[1] 参见杨宽《中国古代都城制度史研究》，下编《二 唐宋之际都城制度的重大变化》，上海古籍出版社，1993年，第251—252页；吴涛：《北宋东京城的营建与布局》，《郑州大学学报》1982年第3期；〔宋〕孟元老撰，邓之诚注《东京梦华录注》，中华书局，1982年；叶骁军：《中国都城历史图录（第三集）》，兰州大学出版社，1987年。

客、商的重要活动场所，这些区域为城市社会需求服务的特征极为明显。

三是原封闭式的坊市结构被彻底突破：城市行政管理体系已由坊市制转变为厢坊制[1]，厢坊包括城内和外郭城外周边地区。城市内部布局发展为街市、桥市的坊市混合型，坊市不再以墙作为界线。

四是立体空间的发展：商用、民居限制起楼的禁令废弛，使得居住空间和商用空间在有限的平面空间内得到更有效的利用，立体空间的拓展呈现上升的势头。

五是混合性区域的形成：除宫城相对封闭，里城和外城虽然有新旧之分，但官署、民宅和商业店铺，已不像唐长安、洛阳有严格的区域，往往混杂。城市营建规划更具有前瞻性，如考虑到防泥泞、防火等。

赵宋南渡，驻跸临安城，称行在。扩建后的临安城周回70里左右，外城形态由于城市发展和地形限制的矛盾，在不断扩展过程中呈现不规则的腰鼓形，有龙飞凤舞之称。

---

[1] 参见陈振《宋史》，第三章第二节"城乡分治和城乡新户籍制度的产生"，上海人民出版社，2003年，第98页。

二、从封闭走向开放是城市化的必由之路

临安亦分内外城，内城位于全城南部靠东，是大内所在，但外城除御街南段两侧集中了一些中央官署，其他很多官署如景灵宫（原庙）等都在外城与民居、商铺混杂。各城关区形成与城内连为一体的大型批发市场和运输、批发、零售一条龙经销网络。临安城内外见于记载的有20多种行、市、团，属批发市场性质，分布在28处，有14处在城关（大多在城门外）一带。外城城关已经成为大宗日用商品集散地或称批发中心，也是人口流动频率最高、流动人口数量多的地区。当时的民谚"东门菜，西门水，南门柴，北门米"，反映了各外城城关因地理位置不同而形成的市场经营特色。与长安、洛阳和开封不同的是，临安城外的西湖沿岸形成集居住、商业、娱乐于一体的多功能区，虽然位置在城外，实际上也属于城区的重要组成部分。以都城为中心周边的15个镇，在一定意义上形成大临安的地域范畴。因此，城市平面空间已经突破了城墙的界线，城市外城空间的利用率已经突破了平面布局的局限。但城墙长期存在，对城市形态的固定作用是持久的，城墙的长期存在，表明城乡界限的存在，以及战争威胁的存在。

通过以上对长安、洛阳、开封和临安的考察，我们可以发现，唐宋时期（包括五代），都城的有形变化是明显的，变化有这样三个趋势：

一是都城及其周边区域构成首都圈，突破了城墙的桎梏，逐渐形成大都城的平面布局，使得我们在讨论时，必须扩大视野的平面范围。

二是三重城格局在配置上由以中央大街（朱雀街）为轴心线重心北靠型变为重心以中心圈为核心四方扩散型，有利于城市功能相应向复合型、经济文化多中心的趋势发展。

三是内城与外城的功能分区逐渐模糊。这里主要指在坊市制向厢坊制转换的过程中，除宫城仍旧采用封闭形态的宫殿群组，官署、民居、商铺（店）的分区逐渐模糊，形成混合区。

（二）城市平面空间逐步扩大

唐宋时期，随着社会变化，随着城市工商业的发展，城市内外的人口流动频率加快，城市流动人口的比重增加，城市面貌发生了很大变化。大都市在变化

二、从封闭走向开放是城市化的必由之路

过程中,以城关为中心逐渐形成城关区,城关区所具有的经济功能的增强,对以都城为首的大城市的进一步发展至关重要。唐长安、北宋东京、南宋临安城关区的经济功能及其变迁应该更具有代表性,由此还可以进一步探讨唐宋都城平面空间扩展的渐进性,以及外来流动人口对城市空间拓展的影响和城市经济功能边缘化等问题。

1. 唐长安的城关区

唐长安城以隋大兴城为基础,分为宫城、皇城、外城。因宫城和皇城连为一体,实际只有内、外两重城。由于都城实行严格的坊市制度,长安内城各城门外不见有商业活动的记载,外城则有零星店铺,未成规模。城门的作用是双重的,既是内外有别的防御关口,又是沟通城内外的重要通道,因此外城城门通常被称为"城关",城关一带往往成为外来流动人口的重要活动和聚集区,是城内外交汇沟通之处,也是从平面空间突破封闭式的坊市制的重要区域。下面我们具体看看唐长安城内外城门(关)一带的情况。

内城城门外区:长安内城(包括宫城和皇城)通向

坊郭的城门,东侧有延喜、景风二门,西侧有安福、顺义二门,正南有含光、朱雀、安上三门。北面墙外是禁苑,没有居民生活区。

虽然内城各城门外不见有商业活动的记载,但东墙与尚书省接近的景风门外属"要闹"坊区,门外崇仁坊和平康坊是举子选人的首选住地以及地方进奏院的集中地,平康坊(里)亦是诸妓聚集之地,"举子、新及第进士,三司幕府但未通朝籍、未直馆殿者,咸可就诣"[1]。考生和选人每年少则数千,多则数万,再加上各地进奏院官吏和各地进京公干者为数众多,上述两坊成为外来人员最密集、人口密度最大、最引人注目的喧闹之地。临近两坊的其他坊,外来旅客也比较多。再加上东市也在近旁,以平康坊、崇仁坊和东市为核心,形成东城繁华区。唐后期大内派人出外采买,每到"要闹坊曲"强索,估计很多时候是从景风门[2]出到坊市区。正南三门外的春明大街,通贯东西,

---

[1] 〔清〕董诰等编《全唐文》卷八二七《孙棨·北里志序》,中华书局,1983年,第8715页。
[2] 北宋东京宫城东门东华门,相当于唐长安景风门。据《东京梦华录》,大内采买果品、菜蔬等,主要依靠东华门外的市场。

二、从封闭走向开放是城市化的必由之路

连接外郭的金光门与春明门,又沿东西两市北墙而过,两市北门临大道,崇仁坊和平康坊也正好夹大道南北。崇仁坊由于位处繁华中心区,"因是一街辐辏,遂倾两市,昼夜喧呼,灯火不绝,京中诸坊,莫之与比"[1],正是说明坊内因妓女聚集,选人、举子、地方官员云集,所以餐饮业、娱乐业、青楼业兴旺,正所谓"青楼无昼夜,歌舞歇时稀"[2]。春明大街的"一街辐辏",应指两市和其他坊去往崇仁等坊的车马络绎不绝。

外城城门区:外城四周,北面四门自西向东依次为光化门、景耀门、芳林门、玄武门、重玄武门,南面三门自西向东依次为安化门、明德门、启夏门,西面三门自北向南依次为开远门、金光门、延平门,东面三门自北向南依次为通化门、春明门、延兴门。

上述这些城门城关区,目前看到的资料显示与工商业有关的有旅社,有车店,有寺庙,有住宅,有园林。据妹尾达彦先生统计,外郭城城关可考的有商店2处,旅馆2处,料亭1处,小饮食店1处,都在东郭城关,

---

[1] 〔宋〕宋敏求、〔元〕李好文撰,辛德勇、郎洁点校《长安志·长安志图》卷八《崇仁坊》,第275页。
[2] 〔清〕彭定求等编《全唐诗》卷四七九李廓《长安少年行》,第5455页。

其中春明门外有小食品店 1 处、旅店 2 处，通化门外有小商店 1 处，延兴门外有料亭 1 处、小商店 1 处。总共有商业、旅店类 6 处[1]。但限于已见材料，实际应不止于此。

由上述材料分析可知，唐长安的宫城与皇城基本都是封闭的，与外城郭的联系不多，只有皇城东墙的景风门，因靠近尚书省，门外诸坊成为举子、选人、地方藩镇进奏院的云集之地，才有崇仁坊和平康坊的繁盛。外城城关，人员流动比较频繁的是连通朱雀门外大道、东西两市北沿的春明门（靠近官僚贵族集中居住区）和金光门（漕渠经由），靠近宫城、大明宫、兴庆宫以及官贵集中居住区的通化门，通往陇右、河西、西域的开远门。城关区的规模很小，基本没有形成相对独立的区域。虽然长安也是多条水道环绕，如金光门、景耀门、安化门、春明门、通化门旁都有渠水流经，但与外城城关并没有直接勾连，入城之处也未见形成关区。城外官道两边还没形成综合性的规模

---

[1] 参见〔日〕妹尾達彦《唐代長安の盛り場（上）》，《史流》第 27 号；〔日〕妹尾達彦：《唐代長安の店舗立地と街西の致富譚》，《布目潮渢博士古稀記念論集・東アジアの法と社会》，汲古書院，1990 年。

经营。

考虑到唐长安城内空间比较大，南城还有大片的农田菜园，外城城关一带一直没有形成繁华的商业区，说明当时对城关区的开发还没有那么紧迫。然而进入宋代后，都城的城关区就发生了很大变化。

2. 北宋东京的城关

北宋东京城开封为三重城，即宫城、里城和外城。宫城，原为唐宣武军节度使治所；里城，又名阙城，原为唐汴州城；外城，又名新城、罗城，是显德三年（公元956年）发丁夫十万兴筑而成，比里城扩大了四倍，宋神宗（公元1067—1085年在位）时又加以扩建。三重城的城关面貌与唐长安相比已有了根本性的变化。内外城城关已经形成区域规模，不再仅仅是一个点，点与点之间已有了有机联系，形成了点、线、面的结合，形成了以里城城关为枢纽的次中心区和以外城城关为枢纽的边缘区，城关区的经济功能逐渐成为其主要功能。

与唐长安相比，里城由于已经是官、民、商混合区，商业店铺鳞次栉比，自不待言。唐长安的皇城城门外，按规定是不允许从事商业活动的。但北宋开封城的宫城城门外已经形成繁华的商业区，城关区明显向内延展。宫城位于全城北部正中，四面有门。正门是南面的宣德门，北面是拱宸门，西面是西华门，东面是东华门。宫城以正门和大内采购所进出的城门为起点，门外形成繁华街市。东面的东华门相当于唐代的景风门，由于北宋大内采购主要依靠市场，因此东华门外成为供应大内膳食原料的主要市场，市井最盛，"最是铺席要闹"，是大内集中采买场所。时鲜果蔬在这里由于不同部门采购人员的竞相抬价，可以卖到好价钱，更进一步促进了门外市场的发展和繁荣。东华门外景明坊有著名酒楼名白矾楼，后改为丰乐楼，"宣和间更修三层相高，五楼相向，各用飞桥栏槛，明暗相通，珠帘绣额，灯烛晃耀。……内西楼后来禁人登眺，以第一层下视禁中"[1]。而唐长安宫城景风门位置虽然相当于宋东京东华门，但景风门外并无市场，紧邻的平康坊和崇仁坊是最繁华热闹的坊区，主要是妓院和酒肆，没有形成市场，一切活动基本是在坊内进

---

[1]〔宋〕孟元老撰，邓之诚注《东京梦华录注》卷二《酒楼》，第71页。

二、从封闭走向开放是城市化的必由之路

行。因此,唐宋城市面貌由此也可以看出是大不相同。东华门外大街,南北为御街,向北贯通里城景隆门(旧酸枣门)和外城通天门(新酸枣门),同时与其他几个繁华街市连接。

南面以宣德门为中心的南三门外,是东西向的御街,也是城内主要的繁华街市。宣德门外东西向大街向西贯通里城阊阖门(梁门)和外城开远门(万胜门),向东贯通里城望春门(旧曹门)和外城含辉门(新曹门)。出宣德门向南,经州桥、过里城朱雀门、到外城南侧南熏门,是南北向御街,都是繁华地区,尤其是宣德门到州桥,相当于宫廷广场的性质,但与唐宫城与皇城之间的横街不同,完全是个开放性的广场,中央主要官署分列东西两侧,元旦、冬至等大朝会以及上寿的庆贺,百官列班在此等候。宣德门外东向依次为潘楼街、御街中心十字街、曹门大街、旧曹门、牛行街、新曹门,西向依次为梁门内大街、梁门、梁门(外)大街、万胜门,皆为里外城繁华街区。唐长安宫城正南朱雀门外的春明大街,相当于宋东京朱雀门外大街,但所谓的"一街辐辏,遂倾两市",也只是描述了车流、人流来往于两市和要闹坊曲的熙熙攘攘

景况，未见实际的或成规模的商业经营活动。可知唐宋都城中心街区的面貌也大不相同。

（1）里城城关区的情况

宋代东京里城是以城关为枢纽，沟通里城、外城的主要街市，并以城关为中心，形成酒楼、店铺、邸店、仓储、瓦子等经济、商业、文化的次中心（或称内边缘中心）区域。周世宗在筑外城时，规定："凡有营葬及兴窑灶并草市，并须去标识七里外。其标识内，候官中劈画，定军营、街巷、仓场、诸司公廨院，务了，即任百姓营造。"[1]说明未筑新城之前，里城与外城之间的开阔区域已经分布着普通居民、络绎不绝的外来工商人口、诸多的草市。

里城四面共有十二个正门和两个角门。比较繁华的有南正门朱雀门，位于宣德门—南熏门中轴御街的中点，向北与州桥、宣德门连接，向南与龙津桥、南熏门连接，门内外街两侧、门外东向到保康门外、西向到新门外大街，都是繁华街市，分布着官署、太庙、教坊、寺院、酒楼、妓馆、旅店、食品摊铺等。北面

---

[1]〔宋〕王溥：《五代会要》卷二六《城郭》，第417页。

二、从封闭走向开放是城市化的必由之路

中间的景隆门（旧酸枣门），位于御街中段，街东是大内的延伸，著名的风景区，夹岸殿宇，甚是壮观。景隆门外有州北瓦子。向北至外城通天门。东边的安远门（旧封丘门），门里南向为里城御街，即马行街，大小手工业作坊、店铺、酒楼、妓馆、医药行等林立，御街延伸通到外城新封丘门。东面二门，北边的望春门（旧曹门），位于御街中段，门内西向为潘楼街，门外有朱家桥瓦子，东向大街为牛行街，通到含辉门（新曹门），城关一带有曹门砖筒李家（酒楼）。南边的丽景门（旧宋门），是汴河大街的枢纽，门内御街西向偏北，直通州桥，城关一带有仁和店（酒肆）、姜店等。二角门中的东角子门位于丽景门南的汴河南岸，西角子门位于宜秋门南的汴河北岸，虽然对两角门的周边情况没有记载，但因临汴河，也是不可忽视的水运交通枢纽。因此有学者认为《清明上河图》描绘的就是东角子门内外的场景。

东京城大小瓦子有几十处，比较大的瓦子——桑家瓦子位于里城内东中心街市，即两条御街的交叉的街口；保康门瓦子，客店很多，成为官员、商贾、兵士停留的场所。有几处瓦子都设在里城城门外。朱家

桥瓦子位于旧曹门外，新民瓦子位于新门外，保康门瓦子位于保康门外，州北瓦子位于景隆门外，州西瓦子位于梁门外。由于瓦子已经是集娱乐、文化、经济功能的综合性场所，瓦子的选址都是人口比较稠密、人口流动性较大、市井繁闹，又有一定空间之地。例如，居于"冲会"位置的大相国寺就形成了"瓦市"，"每月朔望、三八日即开，伎巧百工列肆，罔有不集，四方珍异之物悉萃其间"[1]。规模也很大，"中庭两庑可容万人，凡商旅交易，皆萃其中；四方趋京师以货物求售转售他物者，必由于此"[2]。众多瓦子选址在里城城门外，这些场所在未筑新城前，就是外来人口、工商贾贩、流动艺人聚集活动、出入频繁的地方。新城筑成后，外城内仍有吸纳外来和流动人口的空间，于是里城城关区成为外来人口和流动人口活动和逐渐都市化的主要区域。瓦子逐渐成为固定场所后，继续发挥着繁荣街市、吸纳外来人口的作用。南宋临安城瓦子的分布

---

[1]〔宋〕孟元老撰，邓之诚注《东京梦华录注》卷三《相国寺内万姓交易·每月五次开放万姓交易》，第93页。
[2]〔宋〕王栐：《燕翼诒谋录》卷二《东京相国寺》，中华书局，1981年，第20页。

二、从封闭走向开放是城市化的必由之路

与北宋东京城有所不同,主要分布在外城城门外,显然是因为城内空间有限,人口容纳趋于饱和,外来人口和流动人口以及驻军的活动区域主要分布在外城。

(2)外城(罗城、新城)十六门城关区

外城南、东各三门,北面四门,西面五门。城关区与唐长安已经不可同日而语了。如南中门南熏门,门内外有猪市、肉行、面市等,每天傍晚,至少有上万头猪从此门赶入城,然后分批到各肉行和零售摊铺。门内中轴御街,直通朱雀门,街两旁有官署、寺观、妓馆、肉行、店铺、杂货饮食摊等,又有蔡河环绕贯穿,属于繁华大街。又如东中门朝阳门,即新宋门,门外是重要的风景园林区,有快活林、蜘蛛楼、麦家园、王家园等。新宋门南邻东水门,距东水门七里的汴河上,形成著名的"桥市",沿河店铺、酒楼、仓库林立,河中船运繁忙。再如西边南门顺天门,即新郑门,门外有鱼行,新郑门大路通往金鱼池、琼林苑,大道两边有寺院、妓馆、酒楼、亭榭、画舫、官河东陕西五路之别馆、园林等,是主要的风景区。而东面的景阳门(陈桥门)里民居商铺拥挤,"侵街"现象严重。

北宋东京城因多条河水穿行城区,因此设置多座

水门，由此形成的水门关区成为都城的重要特点。东京城主要有汴河、五丈河、金水河、蔡河四条河流经，出入外城都设有水门，其中汴河进城夹河各设两水门，进城的东水门也可行人；蔡河进出城各设一水门；五丈河进城有水门两座，一行人，一行水；金水河进城设一水门，注入大内。这些水门不仅行水，也可行人，水门关区的商业和经济功能则带有不同于陆关的特点。水门不仅行水，也是商家交易的重要场所。"水门向晚茶商闹，桥市通宵酒客行"，从唐人王建诗中，我们已能感觉到唐汴州水门因商业交易而昼夜喧嚣的情景。如汴河出城的西水门门外，设有较大的鱼市，因而也是城内外人口进出量较大、各类人会集较多的门关。《东京梦华录》"鱼行"条记载，每日清晨，新郑门、西水门、万胜门有生鱼数千担入城。由此，买卖纠纷和生活纠纷不断，开封府特地在门外设尉专门处理"斗竞事"，每逢清明等节日，人流量增加，"斗竞日数百件"[1]，以致负责官吏都无法休假。汴河进城的东水门门里设有广济仓，门内外沿河有桥市，有人

---

[1]〔宋〕孟元老撰，邓之诚注《东京梦华录》卷一《东都外城》邓之诚注"九西水门"引江休复《江邻几杂志》，第25页。

二、从封闭走向开放是城市化的必由之路

认为名画《清明上河图》是以虹桥为中心而绘成。五丈河沿河有仓库50余所,仓前成市,靠近外城有草场20余处,"堆积如山"。

由于水门门关沟通汴京周围几条主要水系,都城与江淮富庶地区的联系主要通过水运,因此,水门门关内外成为人口流动最为频繁的场所之一,外来人口、工贾商贩云集于此,同时也是城内外居民重要的交易和活动场所。

北宋东京外城城关与唐代长安相比有显著的不同:一是形成规模较大的以批发为主的行市,如生猪、肉、鱼等生活消费品;二是由城关向外延伸的大道,已不仅仅具有交通功能,外城城门外的官道两侧变化很大,以大道为轴心,已形成集游赏、别墅、酒楼、店铺、寺院等于一体的综合性经济商贸文化娱乐及居住区,如西面的新郑门外,东面的新宋门及东水门外,南面偏东的陈州门外。相邻城关区之间已有连成片的趋势,如城东、城西的御园就在两个城关之间。城内外以城关区为枢纽、以外城城外水陆交通要道为轴心,与城内街市、桥市有机地联结起来,并且仍有继续扩

展的趋势。"十二市之环城"[1]、城周"百里之内,并无闲地"[2]等语正是对以外城城关为次中心商业和生活区范围不断扩展的描述。

3. 南宋临安府的城关

由于地理条件所限和流动人口的增加,南宋都城临安城市经济功能出现边缘化(周边化)、多中心化的趋势。城关区在城市经济功能边缘化的过程中发挥了关键作用。

(1)内城(宫城)与市场的联系

临安的宫城即内城,呈不规则正方形,有四门。南为丽正门,北为和宁门,北偏东为东华门,南偏东为便门。其坐南朝北的布局,使得名义上为大内正门的丽正门实际只相当于一个后门,皇帝仅到南郊祭天时走此门。

和宁门虽然为"大内"后门,但由于杭州城宫城

---

[1] 〔清〕吕祖谦编:《宋文鉴》卷二杨侃《皇畿赋》,第21页;又见于〔宋〕孟元老撰,邓之诚注《东京梦华录注》卷一"东都"注,第3页。
[2] 〔宋〕孟元老撰,邓之诚注《东京梦华录注》卷六《收灯都人出城探春》,第176页。

二、从封闭走向开放是城市化的必由之路

坐南朝北又偏在南部的格局,此门面向内城外的广大商业生活区,实际起到正门的作用。以和宁门为起点,向南延伸的御街沿路为最繁华的商业区,此外,还有以小河、大河、西河为轴心分别形成的商业娱乐中心区。天下珍奇悉集于此,店铺林立,人烟浩穰,酒楼歌馆,通宵达旦营业。和宁门外有专做大内生意的早市,热闹非凡。

东华门和东便门的作用也不应忽视。东华门外置有四方馆,接待使臣;而大内御厨出外采买者即由东便门出入,出东便门,紧邻外墙便门,门外有较大的团市,见于记载的有鲞团、布行等。

(2)外城城关

临安城的地理条件限制,使得外城城关发挥了更大的作用。从瓦子、行市、酒楼等的分布、城厢区的构成都可以看出,南宋临安城的政治中心虽然还在宫城内,但商业、娱乐、生活中心已并非围绕宫城展开。外城城关成为大宗日用商品(主要是食物)的主要集散和批发地,也是调控城内外市场、沟通四方水陆干道的边缘商品集散中心区。城西墙外西湖临湖区是著名风景区,也是城外达官贵族聚居区和商业娱乐中

心区。

外城城门主要有十三座[1]：南有嘉会门；东边自南向北依次为便门、候潮门、保安门、新开门、崇新门、东青门；北边东北为艮山门，西北为余杭门（又称北关）；西边自北向南依次为钱塘门、涌金门、清波门、钱湖门；东边外墙还有北土门、南土门、竹车门，不属于正式城门，故不计在内。

（3）城关与市场

内城商业经营的主要特色是街市、桥市等的店铺、酒楼、摊位，而交易量最大的大宗食用商品批发市场则主要分布在外城各城门外的城关区。临安两个附郭县所辖镇市形成各具特色的集散市场。临安城内外见于记载的有20多种行、市、团，属批发市场性质，分布在28处，有14处在城关（大多在城门外）一带，外城城关已经成为大宗日用商品集散地或称批发中心，也是人口流动频率最高、流动人口数量多的地区。当时即有民谚用"东门菜，西门水，南门柴，北门米"

---

[1] 参见同济大学城市规划教研室编《中国城市建设史》中所附"南宋临安城复原想象图"（中国建筑工业出版社，1982年）。另可参见杨宽《中国古代都城制度史研究》和叶骁军《中国都城历史图录（第三集）》。

二、从封闭走向开放是城市化的必由之路

来形容各外城城关因地理位置不同而形成的市场经营特色。

各外城城关比较集中的市场有如下几处：余杭门外有米市、鱼市，门内有青果团；新开门外有米市；崇新门外有菜市、蟹行；东青门外有菜市、鲜鱼行；候潮门外有鲜鱼行、柴行、南猪行；便门外有鮺行、布市；钱塘门内有花团。这些市场经营活动已形成规范，如米市，由铺户、行头、牙人、贾贩、赁户、脚夫、舟户等一干人各司其职，各有管领，形成一条龙式的规模经营网络体系。

临安罗城外的四厢，主要是由城门外的市连成的，据《梦粱录》所述，杭州有钱塘和仁和两个附郭赤县，所管镇市达15个，在外城城门外的有9个：嘉会门外有浙江市，北关（余杭）门外有北郭市、江涨东市、湖州市、江涨西市、半道红市，艮山门外有范浦镇市，崇新门外有南土门市，东青门外有北土门市，此外还有西溪市、赤山市、龙山市、安溪市、汤村镇市、临平（镇）市等都环绕城周。这些市镇的形成，与大量商业性质的人口涌入和流动有直接关系，"盖因南渡以来，杭为行都二百余年，户口蕃盛，商贾买卖者十

倍于昔，往来辐辏，非他郡比也"[1]。杭州城周已形成数十里开外的市镇群。外城城关的市场也各具特色，临安民谚云"东门菜，西门水，南门柴，北门米"，城东郊农民都转而从事菜蔬生产，以致没有民居，都是菜圃。

（4）城关与瓦子

瓦子又称瓦市、瓦舍、瓦肆，《都城纪胜》"瓦舍众伎"条云："瓦者，野合易散之意也，不知起于何时；但在京城时，甚为士庶放荡不羁之所，亦为子弟流连破坏之地。"[2] 瓦子逐渐形成聚散迅捷的集市。北宋时，各大都市的瓦子已成为集娱乐、商业、文化等于一身的多功能固定场所。瓦子是城内外人口流动量最大、流动最频繁的场所之一，瓦子周围人口居住密度也比较大。北宋东京瓦子主要集中在里城各城关，临安城则主要分布在外城城门外的城关区。

临安城内外瓦子共 23 处，城内 6 处，城外 17 处。

---

[1] 〔宋〕吴自牧：《梦粱录》卷一三《两赤县市镇》，浙江人民出版社，1980 年，第 114 页。
[2] 〔宋〕耐得翁：《都城纪胜》，附于〔宋〕孟元老等：《东京梦华录（外四种）》，古典文学出版社，1957 年，第 95 页。

二、从封闭走向开放是城市化的必由之路

有17处瓦子在各郭城城门附近,其余6处或在城内或在城外,距城门较远。例如,钱塘门外的王家桥瓦、羊坊桥瓦,钱湖门外的钱湖门瓦,等等。

外城清波门和涌金门外没有瓦子,大概因为紧临西湖,有限的场地充斥着楼堂馆,如涌金门外的丰乐楼,面临西湖,游人最多,确已无场地设瓦子。

各水门形成相对独立的水城关及水城关区,与里、外城城关联系更加紧密。

《梦粱录》云:"自高庙车驾自建康幸杭,驻跸几近二百余年,户口蕃息,近百万余家。杭城之外城,南西东北各数十里,人烟生聚,民物阜蕃"[1]。"湖上屋宇连接,不减城中。"[2]这段对"杭城之外"繁荣景象的描述和感慨,正是大都市平面空间逐渐扩展的真实写照。

唐长安的城关勾连城内外的基本方式是点和线的结合,北宋东京则发展为点、线、面的结合,沟通城内外的经济功能即大宗商品集散批发,很大程度上由

---

[1] 〔宋〕吴自牧:《梦粱录》卷一九《塌房》,第180页。
[2] 〔宋〕周煇撰,刘永翔校注《清波杂志校注》卷三《钱塘旧景》,中华书局,1994年,第117页。

里城城关承担,外城城关的经济功能也日益重要。到南宋的临安,外城城关已经成为城内外大宗商品集散的中心枢纽,城市经济功能的边缘化也由此显现。

综上,我们可以看到,唐宋都城城关的经济功能逐渐增强的轨迹。尤其是两宋都城,以城关为枢纽,都城逐渐向城外扩展的趋势和城内外逐渐一体化的趋势更为明显,都城经济功能逐渐边缘化。城市经济功能边缘化的趋势不仅是都城才有的现象,南方一些商业经济功能较强的城市,如扬州,在唐后期政治中心和经济商业中心已经分离,原处于边缘区的新城,实际已成为全城的经济文化中心。城关区或如扬州新城,其繁荣在很大程度上正是由于有大量的流动人口在此频繁出入、活动,他们中以工商业人口为主,既面向城内各阶层消费群体,又沟通与城外相联的水陆运输通道,他们的能量超过他们本身在城市人口中所占的比重,他们的存在和流动成为城市发展具有活力的关键,而城关区成为最适合他们活动的舞台。沿着这一变化的轨迹,我们看到如无战事或叛乱等外来因素,城关区主要承担的是经济功能。城关区经济功能的增强,既是唐宋时期传统都市经济功能加强的反映,也表明传统城市吸纳人口的能力已达到极点，都城只有借助处于边缘区的城关才有持续发展的回旋空间。

（三）城市立体空间的拓展

唐宋城市变化的一个重要表现是地域空间的扩展。空间的扩展无疑增强了都市的吸纳力，是城市化进程中的关键一环。空间的扩展至少具有三个维度：一是外延的扩展，以城关为中心或枢纽，以城内主要大街通过城关连接城外的重要官道，使都市的实际区域逐渐向城外扩展，即形成"大都市"（不以城墙为界限），我们在探讨城关区问题的时候已有涉及；二是城内封闭式的坊市制度的突破，主要表现为"打墙侵街""接檐造舍"等，这是在不改变城内空间的情况下，扩大现有平面空间的利用率，增大城内的弹性和流通性，属于内涵的扩展；三是立体空间的扩展，即在占地面积不变的前提下，通过建楼提高现有土地的利用率，以增加商用和民用宅舍使用空间。外延的扩展和坊市制度的突破，学者们已给予了充分的关注，但立体空间的扩展在唐宋城市变革进程中的轨迹以及所起的作用，也应给予充分的重视，这正是我们探讨这一问题的意义所在。

1. 唐代都城民用和商用起楼的限制和反限制

（1）民用住宅起楼的限制与反限制

唐代长安城是在隋大兴城基础上严格规划的都城，对公私第宅建造楼阁有严格的限制。不过，目前我们看到有关的敕文，最早的是大和六年（公元832年）六月唐文宗敕："详度诸司制度条件等，礼部式……其士庶公私第宅，皆不得造楼阁，临视人家。近者或有不守敕文，因循制造，自今以后，伏请禁断。"[1]

随着城市的发展，人口的增加，上述规定显然越来越不适应官民生活和商品经济发展的需要。

违章建造从高宗武后时期已呈愈演愈烈之势，主要是权贵之家追求奢华、大肆兴造所致。史载"武后

---

[1] 〔宋〕王溥：《唐会要》卷三一《舆服上·杂录》，中华书局，1955年，第668—671页。〔宋〕王钦若等编撰《册府元龟》卷六一《帝王部·立制度第二》第646页，与此相同。

二、从封闭走向开放是城市化的必由之路

已后,王侯妃主,京城第宅,日加崇丽"[1],如长宁公主、安乐公主"竞起第舍,以侈丽相高,拟于宫掖,而精巧过之"[2]。长宁公主下嫁杨慎交时,"造第东都,……作三重楼以冯观,筑山浚池。帝及后数临幸,置酒赋诗"[3]。一些权臣也肆无忌惮,如许敬宗,高宗朝宰相,"营第舍华僭,至造连楼,使诸妓走马其上,纵酒奏乐自娱"[4];杨国忠,玄宗朝宰相,"构连甲第,土木被缔绣,栋宇之盛,两都莫比"[5];元载,肃宗(公元756—762年在位)、代宗两朝宰相,"城中开南北二甲第,室宇宏丽,冠绝当时"[6]。其中长宁公主所筑"三重楼"和许敬宗造"连楼",是明确起楼的记载,其他第舍是否起楼不清楚。刘蕡曾上书云:"臣前所谓'百工淫巧,由制度不立'者。臣请以官位禄秩,制其器用

---

[1] 〔唐〕封演撰,赵贞信校注《封氏闻见记校注》卷五《第宅》,中华书局,2005年,第44页。
[2] 〔宋〕司马光:《资治通鉴》卷二〇九"唐中宗景龙二年(公元708年)",第6740页。
[3] 〔宋〕欧阳修、宋祁:《新唐书》卷八三《长宁公主传》,第3653页。
[4] 〔宋〕欧阳修、宋祁:《新唐书》卷二三三上《奸臣传上》,第6338页。
[5] 〔后晋〕刘昫:《旧唐书》卷一〇六《杨国忠传》,第3245页。
[6] 〔后晋〕刘昫:《旧唐书》卷一一八《元载传》,第3411页。

车服。禁人金银珠玉锦绣雕楼不蓄于私室,则无荡心之巧矣。"[1]可见私室起楼禁而不止。

权贵的追求奢侈、竞相起阁雕楼,从整体空间上看,对都市的发展所起的作用更多的是负面的,这些负面作用到北宋以后更为明显了。

五代后唐时,"庄宗常择高楼避暑,皆不称旨。宦官曰:'今大内楼观,不及旧时长安卿相之家,旧日大明、兴庆两宫,楼观百数,皆雕楹画栱,干云蔽日,今官家纳凉无可御者'"[2]。可知旧时长安卿相之家所起楼已颇为壮观,甚至超过庄宗(公元923—926年在位)选择避暑的高楼。

(2)商用建筑起楼的禁令与突破

商业区的商业用房突破不得起楼的规定,是唐宋城市变革中值得重视的现象。

都城市区内商用起楼隋代已有先例。洛阳城市区已有楼阁群,但不见有禁令的限制。唐代对商业性质的楼阁则有明文限制。大历十四年(公元780年)六

---

[1] 〔后晋〕刘昫:《旧唐书》卷一九〇下《刘蕡传》,第5075页。
[2] 〔宋〕薛居正:《旧五代史》卷五七《郭崇韬传》,中华书局,1976年,第767页。

二、从封闭走向开放是城市化的必由之路

月一日,唐代宗(公元762—779年在位)发布敕书:"诸坊市邸店楼屋皆不得起楼阁临市人家,勒百日内毁拆。"但过了百日,"至九月二十日,京兆尹严郢奏:坊市邸店旧楼请不毁。"[1] 说明在大历年间,坊市邸店起楼已是普遍现象,且屡禁不止,所起之楼以商用为主。当时兴建颇盛,所起楼阁,不论商用抑或民居,在大历年间仍在禁止之列,但是起楼之风显然越来越盛。在城市人口数量与城市空间容量形成突出矛盾后,这个规定就越来越无法执行了。

唐人有不少对楼的描述,由此可知当时长安以外的其他城市,包括东都洛阳在内,并没有严格执行商业不得起楼的禁令。当时人的诗文中关于楼的描述很多是关于营业性的酒楼、倡楼。唐人笔记小说有关于长安酒楼的描写,都是在市区,坊区有酒肆,未见起楼阁。

《虬髯传》记载了虬髯客与李靖交往的故事。在李渊父子起兵以前,虬髯客曾约李靖入京一见,地点是

---

[1] 〔宋〕王溥:《唐会要》卷五九《尚书省诸司下·工部尚书》,第1220页。同书卷三一《舆服上·杂录》"太和六年六月敕",改"市"为"视"(第668—672页),俟考。

"马行东酒楼下"[1]。文中提到酒楼楼下可拴牲口,楼上可饮酒、下棋,还设有柜房,代客保管钱等。唐代风俗,马行设酒楼,"作为行头所在地,并用作看验商品质量、谈论价格、商量买卖以及签订契约的场所,实际上具有行市的会馆以及交易所的性质"[2]。《续玄怪录》载:杜子春在长安西市东门得一老者资助,于是"乘肥衣轻,会酒徒,徵丝管,歌舞于倡楼"[3]。此处的倡楼未写明地点,看来与西市有关。酒楼也是进京举子、进士的聚会场所。据段成式《酉阳杂俎》记载:"天宝中,进士有东西朋,各有声势,稍伧者多会于酒楼食毕罗。"[4] 说的就是家境略逊的进士聚会于酒楼,吃的是大众化食品。

唐人诗文中也多处提到"倡楼""青楼",看来营业性的建筑起楼比较普遍,但长安的楼主要应在市区。

都市的发展,常住人口的增加,外来人口、流动

---

[1] 〔宋〕李昉等编《太平广记》,第1447页。

[2] 参见杨宽《中国古代都城制度史研究》,下编"东京酒楼、茶坊和集市"。

[3] 〔宋〕李昉等编:《太平广记》卷一六《杜子春》,第109页。

[4] 〔宋〕段成式:《酉阳杂俎》后集卷四《贬误》,中华书局点校本,2018年,第474页。

人口的增加，只有拓展都市有限的空间才能解决发展问题，原有对起楼的限制显然已滞后于都市发展的现状。学者对唐长安人口数量的估测，存在着很大分歧，我认为常住人口和流动人口总数在100万左右，且流动人口所占的比例超过大多数学者的估测。大历十四年下敕毁拆邸店楼阁的理由仍是"临视人家"，连京兆尹也出面奏请"坊市邸店旧楼请不毁"，说明都市在发展的压力下，已不仅限于平面空间的扩展，开始冲破禁令向立体化发展，上文所录大和六年禁断起楼阁敕也可见一斑。

（3）园林风景区的楼群

在园林或风景区建楼阁似乎并无限制，尤其是主要的风景区往往与宫城、市区和居民区之间有一定距离，没有"临视人家"之忧。如曲江池作为皇家园林偏于东南郊，被诗人誉为"万顷繁华地"[1]。唐文宗"好为诗，每诵杜甫《曲江行》云：'江头宫殿锁千门，细柳新蒲为谁绿？'乃知天宝以前，曲江四岸皆有行宫台殿、百司廨署，思复升平故事，故为楼殿以壮之"[2]；

---

[1]〔清〕彭定求等编《全唐诗》卷八二四，子兰《悲长安》，第9289页。
[2]〔后晋〕刘昫：《旧唐书》卷一七下《文宗本纪下》，第561页。

白居易《曲江》诗"细草岸西东，酒旗摇水风。楼台在花杪，瓯鹭下烟中"[1]；韩愈《同水部张外籍曲江春游寄白二十二舍人》诗"漠漠轻阴晚自开，青天白日映楼台"[2]；韦庄《长安旧里》诗"车轮马迹今何在，十二玉楼无处寻"[3]；崔颢《渭城少年行》"长安道上春可怜，摇风荡日曲江边。万户楼台临渭水，五陵花柳满秦川。"[4]可见，曲江风景区，各官署建楼堂馆所是没有限制的，朝廷往往还鼓励各官署在曲江建造楼堂馆所。

唐长安曲江风景区的楼群、北宋东京城郊风景区楼群和南宋西湖沿岸楼群在功能上还是有很大差别的。

风景区的园林楼馆与都城发展平面空间的拓展是有直接联系的，与都城向立体空间的发展不一定有直接的关系，但间接关系是有的。这些风景区往往成为城市的延伸，唐代城市延伸还主要集中在城区和郊区的曲江池，而北宋东京，城周边已经形成"百里无闲

---

[1]〔清〕彭定求等编《全唐诗》卷四六二，第5260页。
[2]〔清〕彭定求等编《全唐诗》卷三四四，第3864页。
[3]〔清〕彭定求等编《全唐诗》卷六九九，第8042页。
[4]〔清〕彭定求等编《全唐诗》卷一三〇，第329页。

地"的局面，很多重要的风景区都扩展到以贯通城内外大道为主轴、从外城城门延伸至城郊数十里的区域，而且其功能已不仅仅是风景、生活区了，更多地兼有娱乐和商业性质。南宋临安，城外西湖沿岸已经成为人烟稠密的集风景、商业和居住区于一体的繁华区，临湖楼阁成为一道亮丽的风景线，正如诗人所咏"一色楼台三十里，不知何处觅孤山"[1]，且以私人住宅和商业性楼馆为主；而史家所言"杭城之外城，南西东北各数十里，人烟生聚，民物阜蕃，市井坊陌，铺席骈盛，数日经行不尽"[2]，更体现临安的繁盛与唐长安相比已不可同日而语。

2. 汴州城的扩建与十三间楼的启示

（1）汴州城的扩建与周景起楼

唐宋之际都市的发展不仅是平面空间的拓展，立体空间的扩展也不容忽视。周世宗的"许京城民居起楼阁"的举措，即是适应了都市立体空间扩展的需要。

---

[1] 〔宋〕周煇撰，刘永翔校注：《清波杂志校注》卷三《钱塘旧景》，第117页。
[2] 〔宋〕吴自牧：《梦粱录》卷一九《塌房》，第180页。

城市化进程的历史反思

《玉壶清话》载:"周世宗显德中,遣周景大浚汴口,又自郑州导郭西濠达中牟。景心知汴口既浚,舟楫无壅,将有淮浙巨商贸粮斛贾,万货临汴,无委泊之地,讽世宗,乞令许京城民环汴栽榆柳、起台榭,以为都会之壮。世宗许之。景率先应诏,蹜汴流中要,起巨楼十二间。方运斤,世宗辇辂过,因问之,知景所造,颇喜,赐酒犒其工,不悟其规利也。景后邀钜货于楼,山积波委,岁入数万计,今楼尚存。"[1]宋人王辟之在《渑水燕谈录》中对此也有追溯:"周显德中,许京城民居起楼阁,大将军周景威先于宋门内临汴水建楼十三间,世宗嘉之,以手诏奖谕。景威虽奉诏,实所以规利也,今所谓十三间楼子者是也。"[2]可知周景与周景威应为同一人。周景起楼获得周世宗首肯和赞许正是在扩建外城、以适应都城建制的需要和外来人口日益增多的大背景下。

周景所建"巨楼十三间",位于里城旧宋门内,临

---

[1] 〔宋〕文莹:《玉壶清话》卷三,中华书局,1984年,第26页。
[2] 〔宋〕王辟之:《渑水燕谈录》卷九《杂录》,中华书局,1981年,第110页。据校勘记:"按《宋史》卷268、《东都事略》卷43《周莹传》俱言周莹父名景,与此处异"(第119页)。

二、从封闭走向开放是城市化的必由之路

汴水,即《渑水燕谈录》中所载北宋时尚存的著名的"十三间楼子"。周景建楼,并未如其所奏仅是"以为都会之壮",而是"邀钜货于楼,山积波委,岁入数万计",主要是用来经营邸店。他所建的邸店建在繁华地区和交通要道,又起楼而向立体拓展,成为突破坊市制度的一个关键性事件。周世宗修建外城的主要目的之一,是用来满足"工商外至,络绎无穷"的外来经商务工者及流动人口所需,非不知周景所为,即使"巨楼"刚建成时不清楚,事后也不会"不悟"。在商品经济浪潮的冲击下,官员"规利"比比皆是,官府与市场的联系也越来越紧密。北宋初期官府在汴河一带及东京城内建造了很多"房廊"、邸店,租借给流入京城的外来人口(包括南方官吏、外来工商等)。官员私人及有经济职能的官署更多地参与市场经营活动是五代和两宋社会经济的特色之一。

周景建楼有几点值得注意:

一是巨楼"踞汴流中要",直接面向水道建商业用房,突破了京城(坊市制度)不得临街造舍的规定,平面空间的拓展有了突破性的进展。

二是皇帝正式认可民宅商用起楼,此后,楼的逐

渐普及,使都市的吸纳力在有限的平面空间内进一步得到立体拓展。

三是周氏起楼的地理位置极为关键,旧宋门是城内四条主要"御道"的枢纽处,西向与里城"中心城区"——州桥连接,东去直通外城新宋门,还可通过汴河出东水门,东水门又称扬州门,淮浙巨商正是由此道运粮入京。由此,占尽商机无限,当时是"岁入数万计"。北宋时十三间楼子仍是京城名楼,一直到北宋末年尚存。

四是在流动人口的构成中,以经营粮食等日用品为主的江南大经销商(淮浙巨商)占有很大比重,他们对整个都城社会经济的作用和影响力显著加强,经济重心的南移已可见一斑。粮食等日用品在市场中所占的份额明显增加,成为京城商品市场上的大宗,因而需要有更大的空间容纳。

后周汴州城,酒楼(肆)茶楼(肆)已经很普遍,《梦粱录》如此记载南宋临安城酒肆茶楼门前的装饰:"如酒肆门首,排设权子及栀子灯等,盖因五代时郭高祖游幸汴京,茶楼酒肆俱如此装饰,故至今店家仿效成

二、从封闭走向开放是城市化的必由之路

俗也。"[1]

（2）商业性楼群的应运而盛

北宋都城东京，楼的建造，其商业目的更为突出。一般商业性楼阁可分为两类：一是用作大宗货物交易场所，如粮食、牲畜等，包括寓居、囤货、验货、定约、交货、批发等，囤积大宗货物、解决客商食宿等；二是用作酒楼、茶坊、歌馆等综合性经营场所，起楼更能充分利用空间，往往形成楼群。

这些楼群的出现首先是由于大宗日用品交易量激增的需要。如后周周景所建的楼群，主要是为淮浙巨商储存"万货"所用，北宋时称"十三间楼子"，可见规模还是比较大的。再如北宋初年有"何家楼"，阮阅在《诗话总龟》中写道："世人语虚伪者为何楼，似泛滥之名。其实不然。国初，京师有何家楼，其下所卖物皆污滥者，故人以此目之，楼已废，语尚在也。"[2]反映了都城向立体化扩展的趋势是基于大宗日用品交易量的激增。《东京梦华录》还记有旧曹门朱家桥以东

---

[1] 〔宋〕吴自牧：《梦粱录》卷一六《酒肆》，第141页。
[2] 《增修诗话总龟》卷二九《正讹门》，四部丛刊本，上海书店出版社，1985年，"二丁"第8页。

牛行街"看牛楼酒店",应是与大牲畜交易有关而得名;土市子以北马行街有"庄楼",后改作"和乐楼","楼下乃卖马市也"[1];与庄楼隔街相对的有"杨楼";马行街向北,有小货行交易的"时楼"[2]。再如皇城东角楼以东有"潘楼街",也是因先有"潘楼"而后得名。

其次是以流动人口为主要营业对象的酒楼、歌馆等消费娱乐性场所规模扩大的需要。《东京梦华录》谈到东京民俗时说"其阔略大量,天下无之也。以其人烟浩穰,添十数万众不加多,减之不觉少。所谓花阵酒池,香山药海。别有幽坊小巷,燕馆歌楼,举之万数,不欲繁碎"。[3] 据该书所记,"在京正店七十二户,此外不能遍数,其余皆谓之'脚店'"。"脚店"应是规模较小或影响没有正店大的酒楼。有的街市楼店相对,"九桥门街市酒店,彩楼相对,绣旆相招,掩翳天日"[4],

---

[1] 〔宋〕孟元老撰,邓之诚注《东京梦华录注》卷二《潘楼东街巷》,第70页。
[2] 〔宋〕孟元老撰,邓之诚注《东京梦华录注》卷三《马行街北诸医铺》,第82页。
[3] 〔宋〕孟元老撰,邓之诚注《东京梦华录注》卷五《民俗》,第131页。
[4] 〔宋〕孟元老撰,邓之诚注《东京梦华录注》卷二《酒楼》,第72页。

二、从封闭走向开放是城市化的必由之路

而马行街乃"夜市酒楼极繁盛处"[1]。北宋东京商业性的酒楼、歌楼,不仅遍布城中大街小巷,甚至建到大内门外,可居高临视大内。东华门外景明坊的著名酒楼名白矾楼(后改为丰乐楼),"宣和间更修三层相高,五楼相向,各有飞桥栏槛,明暗相通,珠帘绣额,灯烛晃耀。……内西楼后来禁人登眺,以第一层下视禁中"[2]。可知"临视人家"已无禁令,而对"临视大内"的违禁之举,其处置也不过"禁人登眺"而已。"政和后来,景灵宫东墙下长庆楼尤盛"[3]。酒楼客人主要是来往京城的商贾[4]。据唐律,"诸登高临宫中者,徒一年;殿中,加二等"[5]。可知,唐代对宫城周边建筑的高度有严格的限制。《宋刑统》同唐律[6],但实际上北宋时这

---

[1] 〔宋〕蔡絛:《铁围山丛谈》卷四,中华书局,1983年,第70页。

[2] 〔宋〕孟元老撰,邓之诚注:《东京梦华录注》卷二《酒楼》,第71页。

[3] 〔宋〕孟元老撰,邓之诚注:《东京梦华录注》卷二《酒楼》,第72页。

[4] 〔宋〕吴曾的《能改斋漫录》卷九《地理·白矾楼》:"京师东华门外景明坊有酒楼,人谓之矾楼。或者以为楼主之姓,非也。本商贾鬻矾于此,后为酒楼。本名白矾楼",(上海古籍出版社,1979年,第272页)。

[5] 〔唐〕长孙无忌等撰,刘俊文笺解《唐律疏议笺解》卷七《卫禁》,中华书局,1996年,第579页。

[6] 〔宋〕窦仪:《宋刑统》卷七《卫禁律·九门·因事入宫殿辄宿》,中华书局,1984年,第122页。

种限制已经松弛,例如在《清明上河图》中也绘有大酒楼,白矾楼也是很好的证明。

唐时,虽然对长安城内民居商用起楼有严格限制,但是当举行娱乐活动时,允许并往往鼓励搭建临时性的彩楼。如德宗贞元年间,为祈雨,市人在天门街举行娱乐活动,街东街西各搭彩楼,赛琵琶新曲"广较胜负"[1]。这种临时性的彩棚、彩楼逐渐固定下来,到北宋在东京就很普遍了。

再次,与唐长安相比,北宋东京城郊的游赏繁华区不限于东南一隅,皇家园林楼观、商业性楼阁和私宅楼阁遍布城郊,形成平面空间与立体空间的同步扩展。北宋东京外城东墙朝阳门(新宋门),门外是重要的风景园林区,有快活林、蜘蛛楼、麦家园、王家园等。新宋门南邻东水门,自东水门入城的汴河上,形成著名的"桥市",沿河店铺、酒楼、仓库林立,河中船运繁忙。外城西墙顺天门(新郑门),门外有鱼行,新郑门大路通往金鱼池、琼林苑,大道两边有寺院、妓馆、酒楼、亭榭、画舫、官河东陕西五路之别馆、园林等,

---

[1]〔宋〕段安节:《乐府杂录》,《琵琶》,中华书局,2012年,第130页。

二、从封闭走向开放是城市化的必由之路

是主要的风景区。外城南墙宣化门（陈州门），由于西邻通蔡河的普济水门，门里有麦仓，门外"园馆尤多"，如安上门（戴楼门），东临城关一带有张八家园宅正店（按，大酒楼称正店）。

在南宋的临安，西湖沿岸已形成集风景、民居、商业、娱乐等于一体的又一中心区，也可以视为具有副中心意义的多功能楼群区。当时人感慨良多，"湖上屋宇连接，不减城中，有为诗云：'一色楼台三十里，不知何处觅孤山'，其盛可想矣"[1]。

楼的普遍兴建，从商业经营的角度看，一是起楼比平房更为壮观，有利于招徕顾客；二是在少占地（京师地价很贵，尤其是黄金地段）的情况下扩大经营规模，正所谓"重城之中，双阙之下，尺地寸土，与金同价"[2]，有在京城经营房屋租赁业者，"岁入不啻百万"[3]；三是可为日益增加的络绎不绝的外来商业人

---

[1] 〔明〕田汝成辑撰《西湖游览志余》卷二三《委巷丛谈》，上海古籍出版社，1980年，第408页。
[2] 〔宋〕王禹偁：《小畜集》卷一六《李氏园亭记》，四部丛刊本，上海书店出版社，1989年，第16页。
[3] 〔宋〕苏舜钦撰，傅平骧、胡嗣坤校注《苏舜钦集编年校注》卷八《谘目五》，巴蜀书社，1991年，第544页。

口、流动人口解决住房拥挤的问题，提供更多囤积货物的空间。

商用房屋可起楼，对民用宅舍的限制也趋于松弛。宋人王明清《挥麈前录》记载："李文和居永宁坊，有园亭之胜，筑高楼临道边，呼为'看楼李家'"[1]。陆游《老学庵笔记》卷五记载："蔡京赐第，有六鹤堂，高四丈九尺，人行其下，望之如蚁。"[2] 起楼的主要是官宦或大户人家，是为追求排场和炫耀奢华，而非讲求实用。但由于建筑材料所限，以及资金等问题，民居起楼和起高楼还是受到很大限制。

3. 寸土尺地与金同价带来的新问题

由于人口繁密，外来人口又日益增多，北宋东京的官用、商业和民用住宅都很拥挤，可谓尺土寸金。政府职能部门向市场的渗透以及强势群体在空间争夺中的优势加剧了社会矛盾，成为这一时期的显著特点。

---

[1]〔宋〕王明清:《挥麈录》,前录卷二《本朝族望之盛》,中华书局, 1961年，第21页。

[2]〔宋〕陆游:《老学庵笔记》,中华书局点校本，1979年，第63页。

二、从封闭走向开放是城市化的必由之路

（1）政府职能部门的新动向

宋代，设有典掌官府不动产事务的官署。《续资治通鉴长编》载："国初，有楼店务，太平兴国中改为左右厢店宅务。是岁并为都店宅务，以所收钱，供禁中脂泽之用，日百千。明年复分两厢，寻又并之，仍号左右厢店宅务。"[1] 房租成为官府的重要收入来源，亦可见楼店管理已成为政府的日常工作。

经营商业、房屋租赁业、邸店业有可观的利润，北宋政府支持各官署经营邸店、客房，南宋临安有官府各职能部门经营的酒库、酒楼、邸店、药局。官府大量涉足以营利为目的的商业服务性行业，其中与房屋租赁和房地产经营有关的占了很大比例。

官府的介入与经营虽然使中国城市商品经济发展过程中具有很强的非经济因素，但垄断的成分逐渐减弱，市场化的成分逐渐增强，这也是唐宋时期城市变化的表现。南宋都城临安政府职能部门向市场化经营的渗透就更为明显，经营的部门、种类、区域更多，规模更大，方式更灵活。

---

[1]〔宋〕李焘：《续资治通鉴长编》卷三〇"太宗端拱二年（公元989年）"，中华书局，2004年，第692—693页。

(2)恩典与先机

赐第京城是唐宋时期朝廷对百官恩典的重要内容。唐长安城城区比较大，因而有回旋余地，因此在城市发展过程中权贵对空间的占有并未成为突出的社会矛盾。北宋东京城空间有限，官僚贵族恃强凌弱，借赐第之机侵夺官舍民居，正所谓"夺民居以贾怨"[1]。《宋会要辑稿·方域四·第宅》有从太祖（公元960—976年在位）至徽宗（公元1100—1126年在位）赐给百官京城第宅的记载，从中可知，由于给赐过优，屡屡扰民，臣僚多次上言。政和六年（公元1116年）十二月一日，"臣僚上言：'近日臣僚蒙恩给赐第宅，皆优还价直。然于民居私舍，不无迁徙毁彻之弊。'诏开封府出榜晓谕止绝，如违，令御史台觉察奏闻"；宣和二年（公元1120年）十月二十八日，御史中丞翁彦国奏："伏见比年以来，臣僚有被眷异者，不唯官职之超躐，锡赉之便蕃，多遂赐第者。臣闻蒙赐之家，则必宛转踏逐官屋，以空闲为名，或请酬价兑买百姓物业，实皆起遣名居。大者亘坊巷，小者不下拆数十

---

[1] 〔宋〕孟元老撰，邓之诚注《东京梦华录注》卷三《大内西右掖门外街巷》"蔡太师宅"条邓之诚注案语，第85页。

二、从封闭走向开放是城市化的必由之路

家,一时驱迫,扶老携幼,暴露怨咨,殊非盛世所宜有。今太平岁久,京师户口日滋,栋宇密接,略无容隙,纵得价钱,何处买地。瓦木毁撤,尽为弃物,纵使得地,何力可造。失所者固已多矣";宣和五年四月一日,"臣僚言:比年臣下缘赐第宅,展占民居,甚者至数百家。迁徙逼迫,老幼怨咨。乞自今除大臣戚里,于旧制应赐外,余悉赐金钱,使自营创。如敢干乞,重置典宪。从之,仍令御史台奏劾,违者以违御笔论"[1]。

"太平岁久""户口日滋""栋宇密接""略无容隙",形象地表明了城市空间与发展之间的矛盾。而官僚贵族的恃强凌弱,又加剧了不同阶层之间争夺空间的矛盾。作为弱势群体的普通百姓,自然就成为赐第恩典的牺牲品。

空间有限与发展的需要成为突出矛盾,权贵作为京城的强势群体占尽先机。唐代政府明文规定贵族官吏不得经营客舍、邸店,如玄宗朝"禁九品已上清

---

[1] 以上均见于〔清〕徐松辑《宋会要辑稿》,中华书局,1957年,第7381—7383页。

资官置客舍邸店车坊"[1]，德宗朝"禁百官置邸贩鬻"[2]，"诏王公卿士不得与民争利，诸节度观察使于扬州置回易邸，并罢之"[3]。而利之所趋，往往有令不行，宋代更甚，禁令亦弛。

北宋东京城内地皮昂贵，用房紧张，经营邸店可获得丰厚的回报，官贵势要于是趋之若鹜。他们充分利用权势经营邸店，以获取丰厚的利润，如占得先机的周景，抢盖十三间楼便是典型事例。咸平五年（公元1002年）二月，因街坊侵街现象严重，宋真宗（公元997—1022年在位）命右侍禁阁门祗侯谢德权开广，于是，谢德权先行拆毁官贵大户所建的邸店，招致怨声四起，真宗下诏停止拆撤，谢德权拒绝执行："'今沮事者皆权豪辈，吝屋室僦资耳，非有他也'，真宗不得已，从之。"乃诏开封府街司约远近置籍立表，

---

[1]〔后晋〕刘昫：《旧唐书》卷九《玄宗本纪下》，第213页。"上"原作"下"，误。

[2]〔宋〕欧阳修、宋祁：《新唐书》卷七《德宗本纪》，第184页。

[3]〔后晋〕刘昫：《旧唐书》卷一二《德宗本纪上》，第322页。

二、从封闭走向开放是城市化的必由之路

令民自今无复侵占"[1]。可见唐中叶的"侵街"行为主要是突破坊墙界限,临街建造,而北宋时的"侵街"则又进了一步,向街道扩大建筑面积,而且官僚贵族是"侵街"的大户。

唐代大历十四年的拆撤令,针对的只是坊市内所建的超标准的邸店楼阁;而宋咸平五年的拆撤令,针对的却是临街侵占街道的邸店楼阁,两条禁令的明显不同,彰显了城市发展与空间有限之间的矛盾。

北宋东京地皮涌贵,还表现在对地基征税上。嘉祐六年(公元1061年)十一月二十七日,仁宗(公元1022—1063年在位)诏赐处士高怿"舍屋并地基特赐,永充居止,地基依例则纳税钱"[2]。说明虽为皇帝所赐地宅,仍按规定要纳地基税。

由于空间有限,经营房屋出租业可获取高额利润,经营者对高额房租利润的追逐也加剧了社会矛盾。唐

---

[1] 〔元〕脱脱:《宋史》卷三〇九《谢德权传》,中华书局,1977年,第10165页;〔宋〕李焘:《续资治通鉴长编》卷五一"咸平五年二月戊辰"条(第1114页)亦载此事。
[2] 〔清〕徐松辑《宋会要辑稿》,《方域四·第宅》,第7382页。

代曾对大都市店铺房租有所限制[1]。宋代大都市（主要是京城）房租更为昂贵，减免房租也就成为宋代朝廷在重要或关键时期的恩典之一，如节庆日、久旱遇大雨、金人入寇、国势危急等，朝廷曾屡次降诏，免除一定天数的房租。

正是由于平面空间和立体空间的多向拓展，都城才有了更大的容纳量和吞吐量，才有了更大的弹性，唐宋城市变革进程才有了更大的回旋空间。但无论是平面面积的扩大，还是体积的扩大，都不仅是空间意义上的开拓，也是城市内部结构（如人口结构、社会阶层的构成、社会群体分区特点等）的调整与变化的反映，是传统大都市进入新的历史发展阶段的表现。

---

[1]〔清〕董诰等编：《全唐文》卷三二《元宗一三·禁赁店干利诏》，第363页。

三、城市公共空间的扩大

中国古代城市的空间格局,隋、唐两代达到鼎盛的坊市制度,呈现出一种方形格局。但是到唐代后期,坊市逐渐被突破,逐渐向街市这种平面大空间布局转换,同时,封闭的坊市管理体制也向开放的厢坊管理体制转换,这是唐宋时期城市规划布局发展的总体趋势。街所具有的公共性和延展性,在这一过程中,扮演了拓展社会空间、打通坊市的作用。街上的公共活动,往往依托街道两边的建筑和建筑空场。商品经济的穿透力突破封闭空间是社会发展的需要并具有必然性。

以往学者的目光往往注意了坊市制度走向崩溃过程中的"侵街"现象,即接檐造舍、破坏坊墙等,但真正有意义的是市的"侵街",北宋都城开封和南宋都城杭州，整个街道都成为市场，号称"街市"，正是市的侵街的最终完成。以往人们过多关注了街与坊、街与市在时间和空间隔绝因素上的突破，即：坊墙的突破，夜市的存在，坊内商业活动。而对街道这种线形空间在突破坊市制度过程中的作用，重视不够，但这正是在过渡过程中不可缺失的环节（或链条），否则，我们就无法很好地解释转换所具有的渐进性而非突变性。突破坊市的目的不是将商业活动和社会活动引进坊里，而是将之引到街上，毕竟街才是一个都市人口流动最频繁、最具公众力的场所，因此，宋代才会有如此繁华的街市、桥市。[1]

把街作为一个相对独立的功能区，可以发现，这种线形空间为唐宋城市社会变化过程中的商业运作提供了具有丰富想象力和创造力的舞台，于是我们也有了与以往不同的视角和思考。

在坊市向街市的转变过程中，街发挥作用，重点在唐到五代这段时间，到北宋时，街市基本合一，所以研究街的重点时段也放在唐代。在此，有些相关概

---

[1] 在注意商业空间有形扩展的同时，不要忽略它的无形扩张，或深层渗透。

三、城市公共空间的扩大

念还需要厘清。

（一）层次：唐长安的街与街区

唐长安的城市区划有几个层次，一是以城为单位（界限），即宫城、皇城、外郭城，既属于职能分区也属于居住分区。宫城和皇城由于其特殊性，是相对封闭和独立的区域，基本不对外开放，也不具有社会公共空间的意义，在此不予讨论。

外郭城按行政分区，以朱雀大街为界限分属两赤县即长安县和万年县两个行政机构管辖，人们在研究长安城时，把注意力主要集中在外郭城内的坊和市，这是赤县行政辖区的两个行政区划，而外郭城还有一个相对独立的区划空间往往被忽略，即"街"。

唐长安城的街，有三种不同的含义：

其一是指城坊之间及城坊内主要通行道路。又可分为几个层次：一是具有轴心性质的街道，如外郭城轴心大道朱雀街，皇城内承天门街；二是以朱雀大街为轴心外郭城的主要街道，南北向有14条，东西向有11条，包括四面顺城街，将长安城分割成井然有序的108（后增至110）个坊，每条街道都有相应的街名，一般是以街道所在位置的顺序命名，通向城门的街则往往以城门名称命名，如金光大街、春明大街，其他街道则以方位加次序称呼，如承天门街之西第六横街，朱雀门街东第三街；三是坊市的十字街、井字街。上述街的含义，应是我们通常使用最广泛的。[1]

其二是具有宫廷广场性质、位于宫城与皇城之间承天门外的横街，类似于后来北京城的天安门广场。

其三是城内以主要街道为界限划分出的外郭城的区域，即街区。包括行政区划和治安区划。这点已经有人注意到了，但没有深入研究。

唐代长安的城市区划，并没有实行"区制"，在实际管理时，实行多重管理。一重是按行政管埋系统，即京兆府主管，下属两赤县，外郭城内辖区以朱雀大街为界，分为东西两个区域，东属万年县，西属长安县；一重是监察治安管理系统，即御史台和金吾卫主管。治安管理又分为坊市区和街区。

---

[1] 唐长安外郭城的主要街道，可参见中国科学院考古研究所西安唐城发掘队《唐代长安城考古纪略》，《考古》1963年第11期；陕西省文物管理委员会《唐长安城地基初步探测》，《考古学报》1958年第3期。

三、城市公共空间的扩大

以街作为分区管理的区域概念，即我们现在的城区概念，唐代应该是城市以区划分的滥觞。街是打通坊市的渠道。御史台和金吾卫在涉及外城内管理权限时，往往也以街和坊划分，宗教寺院管理也是以街分区，设两街功德使。官府和民间组织的各种活动，也往往以街区为单位展开。

坊市制的原则（特点）是尽量将城内空间分割成相对封闭的区域，实行相对封闭的管理。因此，百姓居住地点、市场、主干街道，被分成不同的区，用门、街鼓、禁夜等设施和措施区划分割，实行分时段封闭式管理。不同区域人们的活动，是有规定和受到限制的。

在相对封闭的坊市体制下，如果不仅把"街"作为一种履行交通功能的线形空间，而且将这一空间放在城市社会的空间背景中，那么我们需要思考的是，"街"作为城市不可或缺的区域空间，为城市社会搭起了什么样的舞台？而城市社会在这一相对开放的空间区域中，利用其所具有的社会公共性和公众性特点，是如何演绎和开拓历史的？这是我们关注的课题，也是讨论"街"的真正意义所在。

如果说从坊市到街市是一种制度创新，但创新的开始阶段不一定体现在形成的律令条文上，而是从宽容默许到鼓励和提倡的不成文姿态，然后才有成文的肯定与规范。桎梏商业发展的空间封闭状态（属于一种显形状态）逐渐被突破正是经历了这样一个过程。这种不成文姿态在显形状态下很多是表现在街上的种种活动中。

古典戏剧中，我们经常可以看到某草民（或民妇）当街拦官轿（甚至是御驾）申诉，其场面之凄惨，围观群众无不恻然动容，从而引出一桩千古奇冤的大案。那么，我们要注意两个关键点：一是拦轿的地点往往选择城市最主要的街道；二是当街拦轿产生的社会效应的辐射力和穿透力，不仅成为街谈巷议的主要话题，甚至上动天听，历千百年演绎而久传不衰。

（二）长安城的区划与地域空间分配

具有典范意义的唐长安城，在相对封闭的坊市体制下，街作为不可或缺的区域空间为城市社会搭起了什么样的舞台？而城市社会在这一相对开放的空间区

三、城市公共空间的扩大

域,利用其所具有的社会公共性和公众性特点,是如何演绎和开拓历史的?尤其是长安这类具有典型意义的都城社会。我们如何认识街所营造的社会空间?

唐代都城长安外城周长36.7公里,面积约84平方公里。唐长安为三重城,其中,宫城占地面积约为4.2平方公里,皇城占地面积约为5.2平方公里,外郭城占地面积约为74平方公里。

长安城的外郭城,就其区划,应该拥有三个相对独立的地域空间:一是由街道划分出的坊区,即城市居民居住区;二是市区,即东市与西市,即商品交易区;三是街道构成的区域空间(可简称为街区[1]),即城内公共交通与公共活动区。都城作为城市社会的载体,具有地域空间与社会空间两个既有区别又密不可分的研究领域。人们在研究长安城时,因其严密规整的坊市制,而将关注的目光主要集中在坊与市这样两个城市区划地域空间。

---

[1] "街区"的长安城市空间划分中还有另一种含义,即以南北纵向排列的坊为一个街区,如朱雀街东第三街,朱雀街西第五街等。

城市化进程的历史反思

考古发掘显示[1]，长安外郭城主干街道（即南北十一条和东西十四条），东西向的街道勘探出皇城以南的十条，南北向的街道位于皇城以南的部分基本都勘察清楚，按照已勘察出的数据统计，外郭城主干街道的总面积大约是10平方公里，占外郭城总面积的七分之一弱，八分之一强。

像唐代长安城这样有严格整齐的城区划分——宫城、皇城、坊市区等几大兼具地域与功能性质的区划，在相对封闭的坊市体制下，街作为城市不可或缺的区域空间为城市社会搭起了什么样的舞台？唐人笔记中的几段史料，足以引起我们对往往被人们忽视的城市社会公共空间——"街"的思考。

---

[1] 参见中国科学院考古研究所西安唐城发掘队《唐代长安城考古记略》，《考古》1963年第11期；陕西省文物管理委员会《唐长安城地基初步探测》，《考古学报》1958年第3期。此外，〔清〕徐松撰，李健超增订《增订唐两京城坊考》卷二（三秦出版社，1996年，第45—74页）有详细归纳，可参考。

三、城市公共空间的扩大

（三）来自笔记小说的启示

其一：

据长篇传奇《李娃传》[1]记述：唐长安城有东西二凶肆（经营丧葬用品），经常采取展示卖品、角逐哀挽声乐的方式互较胜负，进行商业竞争。东肆物品以奇丽胜出一筹，而西肆歌手哀挽音声屡占上风。东肆偶然得知被西肆救助的落魄举子郑生有一副绝好歌喉，于是用二万钱将其挖走秘密加以培养。二肆长相约在天门街[2]展示"佣器"以"较优劣"，当天"士女大和会，聚至数万"，"四方之士，尽赴趋焉，巷无居人"。西肆歌手"旁若无人"，唱罢，自以为"独步一时"，不承想郑生"举声清越，响振林木"，"曲度未终，闻者歔欷掩泣"，西肆长受到众人嘲笑，不仅输掉了罚直

---

[1] 〔宋〕李昉等编《太平广记》第四百八十四《杂传记·李娃传》，第3985—3991页。

[2] 天门街即朱雀街，是南北走向的街道，文中东肆设连榻于北隅，西肆置层榻于南隅，有可能是在朱雀门外与春明门和金光门相通的十字街衢举办这类活动。亦有详细分析。朱雀门大街北段宽155米，春明、金光大街宽120米，街衢对角线为200米左右。对街或斜角设榻"广较胜负"。吸引士女数万人，还是容纳得下的。

五万,还输掉了脸面,"惭耻"而"潜遁"。

其二:

《乐府杂录·琵琶》载:"贞元中,有康昆仑第一手,遇长安大旱,诏移两市祈雨,及至天门街,市人广较胜负,及斗声乐,即街东有康昆仑琵琶最上,必谓街西无以敌也。遂请昆仑登彩楼,弹一曲新翻羽调《录要》(即《绿腰》也)。其街西亦建一楼,东市大消之。及昆仑度曲,西市楼上出一女郎,抱乐器,先云:'我亦弹此曲,兼移在枫香调中。'及下拨,声如雷,其妙入神。昆仑即惊骇,乃拜请为师。女郎遂更衣出见,乃僧也。盖西市豪族,厚赂庄严寺僧善本(姓段),以定东廛之胜。翌日,德宗召入,令陈本艺,异常嘉奖,乃令教授昆仑。"[1]

两则故事都有一条贯穿着的明线,也有一条潜藏的暗线。《李娃传》,缱绻曲折的爱情明线如诉如泣,哀婉动人;《乐府杂录·琵琶》,市人斗声乐、以琵琶新曲较胜负,一波三折,出人意表,此为明线。但其中的暗线却更加耐人寻味和激动人心,我们看到的是

---

[1] 〔宋〕段安节:《乐府杂录》,第130页。

三、城市公共空间的扩大

商人集团实力的角力和炫耀,由于充分利用了街这个公共空间作舞台,将商业竞争巧妙地融入声乐、新曲的角逐中,利用街的公众效应演绎得竟如此有声有色。而背后还有皇帝(皇族势力)和僧侣(宗教势力)的介入,更是跌宕起伏,回味无穷。

其三:

《太平广记》卷一八八《李辅国》载:"玄宗为太上皇,在兴庆宫居。久雨初晴,幸勤政楼[1]。楼下市人及街中往来者,喜且泫然曰:"不期今日再得见太平天子。"传呼万岁,声动天地。时肃宗不豫,李辅国诬奏云:"此皆九仙媛、高力士、陈玄礼之异谋也。"于是矫诏"迁太上皇于西内",将玄宗近侍"九仙媛、力士、玄礼","长流远恶处",因"肃宗大渐,辅国专朝,意西内之复有变故也"。[2]

兴庆宫位于朱雀街东兴庆坊,是玄宗潜龙时的藩邸,玄宗即位后,成为"三内"之一。勤政楼,全名

---

[1] 〔清〕徐松撰,〔清〕张穆校补《唐两京城坊考》卷一"兴庆宫"条引《唐杂说》云:"明皇为太上皇,居兴庆宫,每置酒长庆楼,南附大道,徘徊观览",中华书局,1985年,第26页。

[2] 〔清〕李昉等编《太平广记》,第1408—1409页。

勤政务本楼，位于兴庆宫南墙，下临东市东北角和春明大街，登楼可下视街市。失去帝位、失去杨贵妃的"太上皇"，郁郁寡欢，登楼观看街市，不过是为排解郁闷，由于街上民众的反应过于强烈，使得在肃宗即位上起了决定作用的李辅国非常恐慌，于是，匆忙将玄宗立即迁往"西内"，意图当然是隔断他通过楼上观街建立与民众互动的联系渠道，以防不测。[1]

玄宗登勤政楼观楼下市人及行者，看似平常之举，却掀起不小的政治风浪，竟然影响宫廷权力之争的天平。

在坊市制下，街的公共活动不是孤立和隔绝的，它起到了坊市所不能起到的作用，而又具有沟通坊市、打通坊市的意义，是坊市制向街市制过渡的必要空间。坊市制的原则（特点）是尽量将城内空间分割成相对封闭的区域，以利于实行相对封闭的管理。因此，百姓居所、市场、主干街道，被分成不同的区，用门、街鼓、禁夜等设施和措施区划分割，实行分时段封闭式管理。不同区域人们的活动，是有规定和受到限制

---

[1] 花萼楼，全名花萼相辉楼，位于兴庆宫西墙。据记载，与勤政楼都应处于临街位置。

的。因此，我们讨论的重点是人们在这样一种限制下的活动及其城市空间社会变革之含义。

（四）街道空间的政治社会功能

街，属于城市社会空间的组成部分虽然是毋庸置疑的，但城市地理学主要以邻里、社区和社会区三个层次作为研究对象，街，或忽略不计，或包括在大的社区或社会区之中了。但这种分层法并不适用于坊市制度下的唐长安，街是坊市制下不可或缺的城市空间和功能区。因此，借用城市地理学的概念，把主干街道概括为：具有社会空间与感应（效应）空间双重功能的区域。街，实际上具有交通、分区与社会政治文化等多重功能。

对街的社会政治功能的探讨应该是我们关注的重点。政治社会文化功能往往是互相渗透和互相作用的，这一功能发挥的是感应空间的作用，这里的"感应"二字的概念不完全等同于地理学的意义，用"交流"或"效应"空间更形象。街具有社会活动空间与信息感应（效应）空间的双重功能，具体表述或表现，比较突出的有"宣示""炫示""传播""警示"等功能。

1. 街道的宣示功能

官府利用街道空间组织具有政治意义的活动,以起到宣示或炫示的效果,发挥政治功能。最典型的是隋炀帝为炫耀国力,于东都洛阳"每岁正月,万国来朝,留至十五日,于端门外,建国门内,绵亘八里,列为戏场。百官起棚夹路,从昏达旦以纵观之。至晦而罢"。[1] 把主要干道,变成一个展示与娱乐的大戏场,政治意义大于娱乐意义。类似的活动延续至今,因此,城市广场和宽阔的街道仍不可或缺。

官方利用街的公众效应进行带有政治意义的宣示活动,还表现在举办重要的宗教活动上。轰动效果比较显著的有太宗贞观年间的"迎经像"和懿宗咸通十四年(公元872年)春的"迎佛骨"。

贞观年间,据《酉阳杂俎》续集卷六《寺塔记下》记载:"慈恩寺,寺本净觉故伽监,因而营建焉,凡十余院,总一千八百九十七间,敕度三百僧。初,三藏

---

[1] 〔唐〕魏征:《隋书》卷一五《音乐下》,第381页。

三、城市公共空间的扩大

自西域回，诏太常卿江夏王道宗设九部乐，迎经像入寺，彩车凡千余辆，上御安福门观之。"[1]大慈恩寺位于朱雀街东进（晋）昌坊，迎经像路线应该是：从外郭城西开远门入城，向东直抵皇城西安福门外，皇帝在安福城楼上观看，然后向南拐，沿皇城西墙（通安化门大街），到金光门大街后东拐，走金光门大街，沿途经皇城含光门，到朱雀门外，南拐，沿朱雀大街南行至延平—延兴门大街，东拐，行至皇城街东第二街，南拐，直达晋昌坊东[2]。当然，到朱雀门后，还可以有几条不同的路线。虽然具体路线并无记载，但可想见，不管选择哪条路线，彩车千余辆的车队，浩浩荡荡地行进在主要街道上，有皇帝御临观之，有信徒百姓沿街瞻仰，场面何其壮观，当然是能够达到最好的公众宣示效果。[3]

再看咸通十四年春的"迎佛骨"。《杜阳杂编》卷下记载："（懿宗咸通）十四年春，诏大德僧数十辈，

---

[1] 〔宋〕段成式：《酉阳杂俎》，第535页。

[2] 大慈恩寺在晋昌坊东。

[3] 利用街道炫示，在晚唐达到高峰，是有深刻的社会背景的，是多重因素造成的，因不是本文讨论的重点，暂略，拟另文论述。

于凤翔法门寺迎佛骨。百官上疏谏,有言宪宗故事者。上曰:'但生得见,殁而无恨也。'遂以金银为宝刹,以珠玉为宝帐香舁,仍用孔雀氄毛饰其宝刹。小者高一丈,大者二丈。刻香檀为飞帘、花槛、尾木、阶砌之类,其上遍以金银覆之。舁一刹,则用夫数百。其宝帐香舆不可胜纪,工巧辉煌,与日争丽。又悉珊瑚、玛瑙、真珠、瑟瑟缀为幡幢,计用珍宝不啻百斛。其剪彩为幡,为伞,约以万队。四月八日,佛骨入长安,自开远门安福楼,夹道佛声振地,士女瞻礼僧徒、道徒。上御安福寺,亲自顶礼,泣下霑臆。即召两街供奉僧,赐金帛各有差。仍京师耆老、元和迎真体者,悉赐银碗锦彩。长安豪家竞饰车服,驾肩弥路。四方扶老挈幼来观者,莫不蔬素以待恩福。初迎佛骨,有诏令京城及畿甸,于路傍垒土为香刹。或高一二丈,迨八九尺,悉以金翠饰之。京城之内约及万数。是妖言香刹摇动,有佛光庆云现路衢,说者迭相为异。又坊市豪家相为无遮斋大会。通衢间结彩为楼阁、台殿。或水银以为池,金玉以为树,竞聚僧徒,广设佛像,吹螺击钹,灯烛相继。又令小儿玉带金额,白脚呵唱于其间,恣为嬉戏。又结锦绣为小车舆以载歌舞。如是充于辇毂之下,而

三、城市公共空间的扩大

延寿里推为繁华之最。"[1] 万队幡伞，万数香刹，豪家竞饰车服、驾肩弥路，四方扶老挈幼、蔬素祈福，全城"夹道佛声振地"，锦绣小车载歌载舞，沿途彩棚金镶玉饰，吹螺击钹，灯烛相继，真应了懿宗"但生得见，殁而无恨也"的意愿。宗教活动演绎成一场官方意志带动民间参与的举动，正是充分借助街道这个公众开放区域和开放功能，达到了很强的宣示效果。[2]

街行纷竞与炫示街道。街道权贵们往往将街行路权看作是自己社会和政治地位的体现，出行刻意制造声势，往往为行路而发生纠纷，街道成为屡生纷竞的场所。

皇帝出行，由仪仗、仪卫、车舆、冠盖、羽麾所组成的浩浩荡荡的队列，其宣示目的是不言而喻的，典型事例仍可举隋炀帝的出行，"隋大业二年……帝每出游幸，羽仪填街溢路，亘二十余里。三月，庚戌，上发江都，夏，四月，庚戌，自伊阙陈法驾，备千乘

---

[1]〔唐〕苏鹗:《杜阳杂编》，笔记小说大观本，第一册，广陵书社，1983年，第151—152页。
[2]《旧唐书》卷一九上《懿宗纪》和《旧唐书》卷一六〇《韩愈传》也有记载。

万骑入东京"。[1]

拜相、官吏出行也利用街的效应造足声势。"每元日冬至立仗,大官皆备珂伞,列烛有至五六百炬者,谓之'火城'。宰相火城将至,则众少皆扑灭以避之。"[2] 凡出行,则"路傍高楼息歌吹,千车不行行者避",但"街官间吏相传呼"[3],刻意制造以势夺人的氛围。再如京兆尹之出,虽然"静通衢闭里门",但造的声势也不小。温璋,唐咸通时尹正京兆,自天街而出,将南抵五门,一条朱雀大街"呵喝风生"[4]。

史书上描述最生动的当数温造出行,温造性格偏激,"不顾贵势",长庆元年任御史中丞时,曾在街上仗决左补阙李虞,曳中书舍人李虞仲引马,捉知制诰崔咸从人,"恣行胸臆,曾无畏忌",每出行,行李"远

---

[1] 〔宋〕司马光:《资治通鉴》卷一〇八"隋大业二年(公元606年)",第5624页。

[2] 〔唐〕李肇:《唐国史补》,第49页。

[3] 〔清〕彭定求等编《全唐诗》卷三八二张籍《沙堤行呈裴相公》:"长安大道沙为堤,早风无尘雨无泥。宫中玉漏下三刻,朱衣导骑丞相来。路傍高楼息歌吹,千车不行行者避。街官间吏相传呼,当前十里惟空衢。白麻诏下移印,新堤未成旧堤尽"(第4281页)。

[4] 〔清〕李昉等编:《太平广记》卷四九《温京兆》引《三水小牍》,第307页。

至两坊,谓之'笼街喝道'"。引起众怒,于是皇帝下敕:"宪官之职,在指佞触邪,不在行李自大;侍臣之职,在献可替否,不在道路相高。"

显然"行李自大""道路相高""传呼前后"成了利用出行炫耀权势的重要方式。由于行李和传呼都没有具体规定,官贵们形成追逐规模的风气,如上文所述,宰相出行火炬至少五六百,中高级官吏传呼前后超过三百步者大有人在,构成的街景也颇为可观。

由于街行所具有的公众效应,官吏贵族为争势而屡生纷竞,如敬宗时,殿中侍御史王源植街行,因"为教坊乐伎所侮,导从呵之,遂成纷竞"[1],遂被贬为昭州司马。这样的街行纷竞事件并不在少数。

针对道路喧竞、行李自大的现象比较普遍,唐穆宗(公元820—824年在位)特下敕曰:"并列通班,合知名分,如闻喧竞,亦已再三,既招人言,甚损朝体。其台官与供奉官同道,听先后而行,道途即祗揖而过,其参从人则各随本官之后,少相辟避,勿言冲突。又闻近日已来,应合导从官,事力多者,街衢之中,行

---

[1]〔后晋〕刘昫:《旧唐书》卷一七上《敬宗本纪》,第518页。

李太过。自今后，传呼前后，不得过三百步。"[1]但是否确实执行了，没有记载。

在五代后周世宗扩建开封时，道路多狭窄不堪，扩建时，规定给主干道留出三十米的宽度，其实仍嫌狭窄。坊市制的崩溃、街市的形成也使街的空间活动受到限制，甚至连皇帝的出行仪式也因为街道狭窄、人员混杂而失去了应有的庄重和威严。如北宋康定元年（公元1040年）时，车驾行幸，侍从百司官属下至厮役都"杂行道中"，而"士庶观者，率随扈从之人夹道驰走，喧呼不禁"，又"所过旗亭市楼，垂帘外蔽，士民冯高下瞰，莫为严惮"。[2]皇帝出行禁街的规定显然已无法严格执行，而呈现出一幅万民同乐的画面。街的宣示功能在这一层面已经弱化，社会公众娱乐功能放大。而且，因为街道狭窄，只好对出行仪卫规模进行变通，护驾人数不得不大为减少。

为解决街行矛盾，避免纷争，对官吏出行，宋代也出台了具体规定："诸司非相统摄，皆称移牒。分路

---

[1] 〔后晋〕刘昫：《旧唐书》卷一六五《温造传》，第4316页。
[2] 〔元〕脱脱：《宋史》卷一四四《仪卫二》，第3388页。

三、城市公共空间的扩大

者不得笼街及占中道,依秩序以分左右。"[1]以适应已嫌狭窄而且不断发生侵街现象[2]的街道,整饬街行秩序。

街道的社会功能,使得炫示功能大为延伸,这正是主干街道政治功能弱化、社会功能增强的表现,这种利用街道的炫示,从宫廷贵族延伸到民间,从王公嫁娶延伸到官吏赴任。在此仅举几例:

(1)祖送数十里

《唐阙史》卷下《卢左丞赴陕郊诗》载:"卢左丞渥,冠裳之盛,近代无出其右者,伯仲四人,咸居清显。……鸣珂佩玉,纡朱拖紫,照耀街巷,士族荣之。及赴任陕郊,洛城自保厘尹正已下,更设祖筵,以鲜华相尚,分秩故相。及朝容恶日,两邑县官,卑秩麻衣,倾都出郭,洛城为之一空。食器酒具,罗列道路,盛于清明簪洁松楸之日,填咽临都驿[3]前后十五里,车马不绝。……有白髯驿吏声指曰:'某自拥篲清邮,五十载

---

[1] 〔元〕脱脱:《宋史》卷一一八《礼二一》,中华书局,1977年,第2790页。
[2] 在坊市制向街市制转变的过程中,尤其是唐后期,包括都城在内的大都市侵街现象逐渐严重,学者们大多已经注意到了这一问题,因此本书从略。
[3] 临都驿距城五六里。

未尝睹祖送之盛有如此者。'"[1] 街路活动连接到郭城外的官道,"前后十五里",公众效应也确实空前,正所谓老驿吏所言"未尝睹祖送之盛有如此者"。

(2)亲迎车队"遮拥道路""歌舞喧哗"

据《唐会要》载:唐睿宗太极元年(公元712年),左司郎中唐绍上表曰:"士庶亲迎之礼,备诸六礼,所以承宗庙,事舅姑,当须昏以为期,诘朝谒见。往者下里庸鄙,时有障车,邀其酒食,以为戏乐。近日此风转盛,上及王公,乃广奏音乐,多集徒侣,遮拥道路,留滞淹时,邀致财物,动逾万计。遂使障车礼贶,过于聘财;歌舞喧哗,殊非助感。既亏名教,又蠹风猷,违紊礼经,须加节制,望请敕令禁断。"至十一月十二日,唐睿宗(公元684、710—712年在位)敕:"王公已下嫁娶,比来时有障车,既亏风教,特宜禁断。"[2]

(3)亲王聘妃"十里铺筵"

在中晚唐奢靡之风的裹挟下,在街上的活动更加侈丽眩目。宪宗幼子荣王聘妃,特地选择在朱雀大街

---

[1] 〔唐〕高彦休:《阙史》,丛书集成初编本,第2839册,中华书局,1985年,第36—37页。
[2] 〔宋〕王溥:《唐会要》卷八三《嫁娶》,第1811页。

三、城市公共空间的扩大

上巡游,为展示和炫耀,而民众确实也是主要看客。唐代诗人有生动的描述:"帝子乘龙夜,三星照户前。两行宫火出,十里道铺筵。罗绮明中识,箫韶暗里传。灯攒九华扇,帐撒五铢钱。"[1] 看来描述的是晚间景色,"十里铺筵","帐撒五铢",十里道,应该是出宫了,"十里道铺筵",可能指此。而且不止一个诗人观看并描述了这一盛大场面。

(4)公主出降"芬香街巷"

《太平广记》卷二三七《奢侈·同昌公主》:"咸通九年,同昌公主出降,宅于广化里,锡钱五百万贯。更罄内库珍宝,以实其宅。……公主乘七宝步辇,四角缀五色锦香囊。囊中贮辟邪香瑞麟香金凤香,此皆异国献者。仍杂以龙脑金屑,镂水晶玛瑙辟尘犀为龙凤花木状。其上悉络真珠玳瑁,更以金丝为流苏,雕轻玉为浮动。每一出游,则芬香街巷,晶光耀日,观者眩其目。"[2]

---

[1] 〔清〕彭定求等编《全唐诗》卷五〇五《天门街西观荣王聘妃》,第5747页。该诗描述的应该是晚间景色,但晚上举行活动,还允许沿街观看,是否有限制,不详。

[2] 〔清〕李昉等编《太平广记》,第1825页。广化里即安兴坊,参见杨鸿年《隋唐两京坊里谱》,上海古籍出版社,1999年,第97页。

（5）公主出殡"弥街翳日"

《杜阳杂编》卷下："（同昌）公主薨，上（懿宗）哀痛之，自制挽歌词，令百僚继和。及庭祭日，百司与内官皆用金玉饰车舆服玩，以焚于韦氏之庭。家人争取其灰，以择金宝。及葬于东郊，上与淑妃御延兴门，出内库金玉、驼马、凤凰、麒麟各高数尺，以为威仪。其衣服玩具悉与生人无异。一物已上皆至一百二十舁。刻木为楼阁、宫殿、龙凤、花木、人畜之象者，不可胜计。以绛罗多绣络，金银瑟瑟为帐幕者，亦各千队，结为幢节伞盖，弥街翳日。旌旗、珂佩、兵士、卤簿、率加等。以赐紫尼及女道士为侍从引翼，焚升霄降灵之香，击归天紫金之磬。繁华辉焕，殆二十余里。上赐酒一百斛，饼饺三十骆驼，各径阔二尺，饲役夫也。京城士庶，罢市奔看，汗流相属，惟恐居后。及灵车过延兴门，上与淑妃恸哭，中外闻者无不伤泣。"[1]

重生，也重死，丧葬场面越来越隆重，送葬队列表演成分更突出。而观众正是"京城士庶"，他们"罢市奔看，汗流相属，惟恐居后"，看来这是大规模送

---

[1]〔唐〕苏鹗：《杜阳杂编》，第151页。

三、城市公共空间的扩大

葬所追求的最佳效果。同昌公主送葬队伍行走的路线可能会选择出兴安坊，走东市西街，到宣平坊向东走延兴门街，出延兴门往东郊墓地，这是一段公众效应最佳的路线。而懿宗和淑妃御延兴门送灵，又提高了公众奔看的热情。

（6）民间厚葬——"衢路异行""徒以炫耀路人"

太极元年（公元712年）六月，右司郎中唐绍上疏曰："比者，王公百官竞为厚葬，偶人象马，雕饰如生，徒以炫耀路人，本不因心致礼。更相扇动，破产倾资，风俗流行，下兼士庶，若无禁制，奢侈日增。望请王公以下送葬明器，皆依令式，并陈于墓所，不得衢路异行。"[1]

《旧唐书》卷一六一《李光进传》载："（代宗）大历四年，检校户部尚书，知省事。未几，又转检校刑部尚书、兼太子太保。是岁冬十月，葬母于京城之南原，将相致祭者凡四十四幄，穷极奢靡，城内士庶，观者如堵。"[2]

长庆三年（公元823年）十二月浙西观察使李德

---

[1]〔宋〕王溥：《唐会要》，第810页。
[2]〔后晋〕刘昫：《旧唐书》，第4217页。

裕上《论丧葬逾制疏》云："缘百姓厚葬，及于道途盛设祭奠，兼置音乐等。闾里编甿……殁以厚葬相矜。丧葬僭差，祭奠奢靡，仍以音乐荣其送终。……人户贫破，抑此之由。今百姓等丧葬祭并不许以金银锦绣为饰及陈设音乐。其葬物涉于僭越者，勒禁。"[1]

《全唐文》卷四八代宗《申约葬祭式敕》云："葬祭之仪，古有彝范。顷来或逾法度，侈费尤多。自今以后，宜俭约，悉依令，不得于街衢致祭。及假造花果禽兽，并金银平脱宝钿等物，并宜禁断。"[2]

《开元天宝遗事》卷下《楼车载乐》一段则更形象地描述了官贵与民众的互动："杨国忠子弟恃后族之贵，极于奢侈，每游春之际，以大车结彩帛为楼，载女乐数十人，自私第声乐前引，出游园苑中，长安豪民贵族皆效之。"[3]杨国忠及虢国夫人宅都在朱雀街东毗邻东市的宣阳坊，从私第出发由声乐引出，大车结彩楼，女乐数十，载歌载乐一路，未到苑中声势已先造出。贵族、豪民乘风而起。

---

[1]〔宋〕王溥：《唐会要》，中华书局，1955年，第815页。
[2]〔清〕董诰等编《全唐文》卷四八代宗《申约葬祭式敕》，第533页。
[3]〔五代〕王仁裕：《开元天宝遗事》，中华书局，2006年，第53页。

三、城市公共空间的扩大

上述这些活动,如果没有公众效应,也就失去了存在的意义,而街道正是可以博得最大公众效应的空间。在街道上的各种活动,有的一直向城区以外扩展,城里人相率追出去看"热闹",形成"街路效应"。对于都城来说,由于坊市密布,人口相对稠密,街道宽阔,街的效应更为显著。

2. 街市的征兆与延伸

唐长安城是坊市制最后的"堡垒",尽管很多以皇帝名义由官府出面在主干街道上的活动,形式和目的各异,并往往带有政治色彩,向公众表达的是一种政治姿态,我们也往往看到向街市过渡的征兆。前举《乐府杂录》"琵琶"条记载:"贞元中,遇长安大旱,诏移两市祈雨,及至天门街,市人广较胜负,及斗声乐。"天门街即唐长安的朱雀街。皇帝组织的祈雨,选址在天门街,主要是做给民众看的,含有宣示的意义。虽然最初属于官方行为,但由于受到官府的导向和鼓励,后续活动却延伸到民间,成为商人扩大宣传的方式。街道,越来越频繁和广泛地被用作公众和商业等活动的场所,街市的征象已经显现。

《太平广记》卷二六〇《黎幹》:"唐代宗朝,京兆尹黎幹以久旱,祈雨于朱雀门街。造土龙,悉召城中巫觋,舞于龙所。幹与巫觋更舞,观者骇笑。弥月不雨,又请祷于文宣王庙,上闻之曰:'丘之祷久矣。'命毁土龙,罢祈雨,减膳节用,以听天命。及是甘泽乃足。"[1]不是舞龙本身,而是围着龙舞。那么,舞的时候应该是在公共场所,京兆尹也加入舞,街上有民众围观,目的是取得公众效应,而形式却持续影响着民间社会。这里我们看到的是街的宣示功能的发挥和延伸。

对进士及第的重视,朝廷也鼓励隆重炫示,如诗人所云:"礼闱新榜动长安,九陌人人走马看。一日声名遍天下,满城桃李属春官。"[2] "新榜动长安"的具体表现落实在"九陌人人走马看"。因此,"九陌"[3]的动静是反馈公众效应的主要场所。

---

[1] 〔清〕李昉等编《太平广记》,第2032页。
[2] 〔清〕彭定求等编《全唐诗》卷三五九刘禹锡《宣上人远寄和礼部王侍郎放榜后诗,因而继和》,第4052页。
[3] "九陌"可泛指长安城的主要街道。

三、城市公共空间的扩大

3. 街的公众视觉效应

古代刑人,为警示众人,往往当众行刑,以期达到最大效果。唐代长安城宽阔的主干街正是具有最大公众效应的空间,街也就成为统治者发挥警示效应的重要场所,主要表现在处决人犯时的游街示众。唐长安城内的刑场,记载比较明确的有子城西南隅独柳树[1],东西两市,朱雀街[2],崇仁坊,京兆府前街,街东安国寺前街,等等[3]。在子城中行刑,有时还特地"集百寮往观之"[4]。

唐后期对重要案犯,为加大惩戒力度,往往先献

---

[1] 据《长安志》卷一〇,独柳树在西市平准局西。有学者考证是在皇城西南隅。赵望秦《"独柳树"地点考实》指出:"'独柳树'是唐代在京城处死政治要犯的一个刑场,它原本是长在这个刑场中的一棵树,由于有此树而后经约定俗成,逐渐地变为了地名。'独柳树'的具体地点应在皇城内侧的西南角上"(《中国历史地理论丛》1999年第1期)。

[2] 〔后晋〕刘昫:《旧唐书》卷九《玄宗本纪下》,第228页。勤政楼位于兴庆宫南墙临东市及春明大街,街道宽阔,易于民众聚集观看。肃宗以后斩于朱雀街不见记载。

[3] [日]妹尾達彦:《唐代长安の盛り场(中)》,《史流》第30号,第64页。"弃市",叙述了长安的刑场、行刑程序、过程等。

[4] 〔后晋〕刘昫:《旧唐书》卷一〇《肃宗本纪》,第251页。

(告)庙社、徇于两市,最后押赴固定刑场独柳树问斩。史载,元和十二年(公元817年)平淮西,十一月丙戌朔"御兴安门受淮西之俘。以吴元济徇两市,斩于独柳树"[1]。又,大和八年(公元834年)十一月二十一日,"甘露之变"发生,贾𫗧、舒元舆、李孝本被捕,"先赴郊庙、徇两市,乃腰斩于子城西南隅独柳树下"[2]。又,龙纪元年(公元889年)二月,擒秦宗权"上御延喜门[3]受俘","以之徇市、告庙社,斩于独柳"[4]。

在皇城内献庙、告社周行一圈,可能走这条路线:出安上门,走春明大街,进东市北门徇市,出东市北门,走春明大街,过朱雀门步入金光大街,进西市北门徇市,出西市北门,进皇城含光门,斩于皇城西南独柳树刑场。出入皇城也可以走顺义门(西)和景风门或延喜门(东),沿皇城东(西)墙外街向南再走春明或金光大街。无论哪条路线,民众都会奔走相告,争先恐后,一路跟随,如无限制,还会赶赴刑场,观看最

---

[1] 〔后晋〕刘昫:《旧唐书》卷一五《宪宗本纪下》,第461页。
[2] 〔后晋〕刘昫:《旧唐书》卷一六九《王涯传》,第4404—4405页。
[3] 延喜门为皇城东门,通外郭城东通化门,在此门受俘,民众可观看。
[4] 〔后晋〕刘昫:《旧唐书》卷二〇上《昭宗本纪》,第737页。

三、城市公共空间的扩大

震撼人心的一幕——人头落地。于是官府追求的警示效果、民众渴望的惊悚场面，在这种徇市、徇街活动中得以实现。如隋末，李渊斩阴世师、骨仪、崔毗伽、李仁政于朱雀街道，于是"京邑士女，欢娱道路，华夷观听，相顾欣欣"[1]。

可以想见，由于以长安为典型的都市，居民数量众多，主干街道宽阔整齐，"刑于都市"也好，"斩之于朱雀街道"也好，或是"徇于两市"，都是在街和市的最具公众效应的场所展示犯人、强化惩戒效果的一种方式。这是唐后期警示效果最强的训诫方式。虽然有的记载只是"徇市"，但这样一个行刑路线，可以说充分利用了街、市的公众效应。先在皇城内左献庙、右告社，然后出皇城[2]经主要街道游行（徇）到两市示众，再押回皇城到西南隅刑场问斩。选定行刑场所，选定行刑路线，都是为了取得最强的公众效应。坊市制下，"徇"足以达到最强效果，此后历代延用"徇"（现

---

[1]〔唐〕温大雅：《大唐创业起居注》卷二，上海古籍出版社，1983年，第37页。

[2] 从皇城哪个门出城尚不清楚，但在这种巡回路线的展示下，街上肯定聚集了众多观看的百姓。

在的"游街")的方式以达到同样效果。

4. 传播信息与制造舆论的功能

有的学者注意到了"场"的作用。这里的场，不是指某一个特定的空间区域，而是在某一区域中形成的一种关系和交流，类似"气场"，即有形之空间所产生的无形之效应，边界不一定很清晰。

民众成为城市社会中数量日益庞大的群体，民众的意愿、民心的向背成为统治者关注的重要内容。街作为信息传播的关键场所，各阶层带有意向性的行为很多是在街上发生的，利用街的公共性特征而传达这种意向。统治者在街上的举动也往往带有导向性，街成为官府与民间社会的沟通渠道。

虽然有些事件或舆论并不确切地发生在街上，但人们习惯用"街"来表示事件和舆论影响的公众性。

高宗弘道元年（公元683年），魏克己为吏部侍郎主持铨选，注官结果出榜后，引起选人不满，"衢路喧哗"，聚众"指擿"，魏克己为此而被贬官[1]。玄宗开

---

[1] 〔宋〕王溥：《唐会要》卷七四《掌选善恶》，第1593页。

三、城市公共空间的扩大

元初,宋璟为尚书,李乂、卢从愿为吏部侍郎,"大革前弊,据阙留人,纪纲复振。时选人王翰颇工篇什,而迹浮伪,乃窃定海内文士百有余人,分作九等,高自标置,与张说、李邕并居第一,自余皆被排斥。凌晨于吏部东街张之,甚于长名。观者万计,莫不切齿"。[1]

《大唐新语》卷二《刚正》:"张易之、昌宗方贵宠用事,潜相者言其当王,险薄者多附会之。长安末,右卫西街有榜云:'易之兄弟、长孙汲、裴安立等谋反。'宋璟时为御史中丞,奏请审理其状。"[2]《旧唐书》卷一八下《宣宗本纪》大中二年九月,敕:"比有无良之人,于街市投匿名文书,及箭上或旗幡上纵为奸言,以乱国法。此后所由切加捉搦,如获此色,便仰焚瘗,不得上闻。"[3]

文宗太和年间,牛李党争愈演愈烈,杨虞卿依附李宗闵,引起御史大夫李固言的不满,于是借"京师讹言郑注为上合金丹,须小儿心肝,密旨捕小儿无算。民间相告语,扃锁小儿甚密,街肆汹汹",虞卿竟因

---

[1] 〔唐〕封演撰,赵贞信校注《封氏闻见记校注》卷三《铨曹》,第22页。
[2] 〔唐〕刘肃:《大唐新语》,中华书局点校本,1984年,第31页。
[3] 〔后晋〕刘昫:《旧唐书》,第621页。

此被贬为远州司户[1]。

由上文所述，如选人不满"衢路喧哗"；秘密张榜街道，导致万人观看；投匿名文书于街市；民间讹言引起"街肆汹汹"……可知街路、街肆因舆论效应，信息传播功能，成为党争打击对手的借口，成为选人和民众对铨选结果表露不满情绪的场所，成为百姓抨击宫廷佞臣的媒介。街作为舆论制造、信息传播的集散地，成为测知民众情绪、社会动向的场所。

更为甚者，也有直接利用街衢制造舆论的。《南部新书》"壬"载："万回，阌乡人也。神用若不足，人谓愚痴无所能。……万回貌若愚痴，忽有先举异见，惊人神异也。上在藩邸时，多行游人间，万回每于聚落街衢中高声曰：'天子来。'或'圣人来。'信宿间，上必经过徘徊也。安乐公主，上之季妹也，附会韦氏，热可炙手，道路惧焉。万回望见车骑，连唾曰：'血腥血腥，不可近也。'不久而夷灭矣。上知万回非常人，内出二宫人侍奉之，时于集贤院图形焉。"[2]

一些反映民众意向的政治民谣，也是经过街市等

---

[1]〔后晋〕刘昫：《旧唐书》卷一七六《杨虞卿传》，第4563页。
[2]〔宋〕钱易：《南部新书》，第142页。

三、城市公共空间的扩大

公共场所广泛传播。《唐语林》卷七《补遗》云:"(懿宗)咸通末,曹相确、杨相收、徐相商、路相岩同为宰相。杨、路以弄权卖官,曹、徐但备员而已。长安谣曰:'确''确'无论事,钱财总被'收'。'商'人都不管,货'赂'几时休?"[1]街中民谣,很多都会对政治舆论造成影响,往往也是政治舆论的民间反映形式。

正如前文所引玄宗登勤政楼观楼下市人及行者,看似平常之举,却掀起不小的政治风浪,显然影响到宫廷权力之争的天平。可见街市中民众的反映有可能威胁到当权者的统治。由于皇帝在一般情况下不能混杂在民间,于是,组织或参与民众在街上的活动,就采取登上城门上的城楼观看的方式,如迎佛骨、受俘等,甚至直接方式就是"观游人"。横跨街道上方的城楼成为天子与百姓沟通的场所,这种形式延续了下来。

利用舆论对朝政施加影响的事例不少。苏安恒,博学,武周长安三年(公元703年),上疏抨击二张乱政曰:"自(魏)元忠下狱,臣见长安城内,街谈巷议,皆以陛下委任奸宄,斥逐贤良,以元忠必无不顺之言,

---

[1] 〔宋〕王谠撰,周勋初校证《唐语林校证》,第670页。

以易之必有交乱之意，相逢偶语，人心不安。虽有忠臣烈士，空抚髀于私室。而钳口不敢言者，皆惧易之等威权，恐无辜而受戮，亦徒虚死耳！"[1]强调"街谈巷议"民众舆论所带来的负面效应，以期引起最高统治者的重视。

5. 街的沟通功能

小说戏剧中，经常出现这样的场面：人头簇拥的繁华街道上，某一高官（巡抚、巡按之类）出行，仪仗护卫前呼后拥，忽然一女子拦轿喊冤，于是引出一段弥天冤案。实际上，唐代法律是允许百姓以击登闻鼓、拦御驾、街衢拦官、投匦等非常规方式申诉，以使下情上达，还规定官吏要重视"街衢接诉"。

《唐会要》卷七十四《选部上·论选事》：开成四年（公元839年）四月敕："吏部去冬粟错及长名駁放选人等，如闻经冬在京，穷悴颇甚，街衢接诉，有可哀矜。宜委吏部检勘，条流钤辖。如非逾滥、正身不到、欠考、欠选、大段瑕病之外，即与重收。"[2]

---

[1] 〔后晋〕刘昫：《旧唐书》卷一八七上《忠义传上》，第4882页。
[2] 〔宋〕王溥：《唐会要》，第1591页。

三、城市公共空间的扩大

百姓们利用街道的公众效应,进行申冤等举动,朝廷的法律也允许百姓以击登闻鼓、拦御驾、投匦等非常规方式以使下情上达。《唐律疏议》卷二四《斗讼》:疏议曰:"车驾行幸,在路邀驾申诉;及于魏阙之下,挝鼓以求上闻;及上表披陈身事:此三等,如有不实者,各合杖八十。"注云:"即故增减情状,有所隐避诈妄者,从上书诈不实论,谓上文以理诉不实,得杖八十;若其不实之中,有故增减情状,有所隐避诈妄者,即从上书诈不实论,处徒二年。"[1] 说明,如所述属实,则不会有以上处分。

虽然按法律如"理诉不实"要处徒刑,但邀驾拦轿这种形式虽然现实中受到种种限制,但却被民间津津乐道,演绎出的传说和故事长盛不衰。正是这样一种在街道上产生的公众效应为戏剧小说提供了更多发挥的空间。"在路邀驾申诉"的行为发展成拦官轿申冤的方式,民间社会对这一举动产生的公众效应津津乐道,朝廷亦借此表示其亲民之举,演绎出多少传说与故事。

---

[1] 〔唐〕长孙无忌等撰,刘俊文笺解《唐律疏议笺解》卷二四《斗讼》,第1671页。

信息传播和舆论制造不一定都是在街上进行，但是，人们却往往用"街"来突出传播的广泛性和舆论的公众性。所谓"街谈巷语""街肆汹汹""街路喧哗""街谈巷议"正是因为传递一种带有倾向性的信息，而引起朝廷的重视。

总面积占唐长安外郭城约七分之一的街道[1]，其所具有的政治、社会功能和信息传播及舆论制造功能，使它成为城市社会的舞台，使我们能够更清楚地看到从唐的坊市制向宋的街市制过渡过程中，街具有的不容忽视的作用。

---

[1] 坊内街道并未计算在内。

四、城市建设重心的下移与面临的新问题

当前中国面临的很多问题都与城市化有关：户籍制度问题、教育公平问题、医疗资源分配问题、住房及房地产业问题、交通拥挤问题、刑事犯罪与治安问题、生态环境问题、食品安全问题等，回顾城市化的历史，并不能使我们有针对性地解决当代遇到的问题和摆脱当前的困境，但我们从中可以得到启示，以应对新的挑战。

（一）城市社会建设重心下移

城市化的历史特征可以概括为：人口向大城市尤其是都城迅速和加速膨胀性的聚集；财富向大城市尤

城市化进程的历史反思

其是以都城为代表的中心城市急剧集中,社会生活呈现与以往不同的变化;城市社会阶级和阶层的分化、重组推动整个社会向新的历史阶段迈进。这一历史变化的推动力,一是看不见的手——商品经济的发展,二是政府战略性的决策。

中国中古时期向近世社会的迈进,古典城市化进程的开启和加速是一个明显的特征。城市在从封闭走向开放的历史进程中,城市形制、城市规模、城市布局、城市人口构成、城市功能定位、城市建设重心都发生了具有历史坐标意义的变化,社会结构如何重组,政治与社会资源如何重新分配、国家财政税收如何调整,都是在这一历史进程中面临的新问题,并在新旧体制的交替中昭示着历史发展的大趋势,为我们审视今天的现代城市化进程提供了思考的空间。

古典城市化面临着四大问题:一是城市建设重心的转移(下移),弱势群体的问题(政府职能的转变),市民的兴起;二是城市人口的管理面临新问题;三是城市资源的分配,其实是整个社会资源的重新分配问题;四是城市发展与自然资源环境(生态环境)的互动与矛盾。

四、城市建设重心的下移与面临的新问题

同时,在城市化进程中,我们可以看到发生的五大变化:一是城市布局的变化,从封闭走向开放;二是社会结构(政治权力)的变化与重组;三是经济重心的南移,重要表现就是城市重心(布局)的转移;四是财富向城市尤其是都城迅速集中和加速度膨胀;五是人口向大城市流动和聚集。

城市人口结构与主体人群的变化,是唐宋时期城市社会发展变化的最重要和最显著的特征之一。从士人社会到市民社会的转型,是我们在研究唐宋城市社会时值得重视和深入探讨的问题。这一时期城市社会的显著变化是有目共睹的,虽然没有酝酿和诞生如欧洲从中世纪走向近代资本主义社会的市民阶层(他们主导了此后欧洲的发展趋势,引领欧洲社会步入资本主义的轨道),但形成了城市社会的主体阶层——具有中国特色的市民,通过对城市居民称谓的变化、城市居民主体的变化以及城市社会重心的下移的探讨,可以使我们对城市社会转型有更深刻的认识。

对中国市民阶层何时形成虽有不同说法,但都不大明确,比较普遍的看法是宋元以后特别是明清时期普遍兴起。唐宋时期应该是市民阶层的萌芽和形成时

期。唐宋时期的城市社会的变化,从士人社会向市民社会的转型,并没有形成如欧洲中世纪时的独立的市民阶层,作为王权和封建势力的对立面而存在和壮大。这里所说的唐宋城市市民,是指居住在城市的一般居民,在城市社会发展的过程中,普通居民获得了更大的发展空间;有了自己的社团组织,有了更多机会表达自己的意愿;文化娱乐、生活消费取向呈现世俗化的趋势;官府城市管理政策和措施中关注民生的部分逐渐增加;一般民众层面上的公共舆论的影响力增强;对城市的公共保障事务,市民阶层参与意识增强,参与程度提高。在上述意义上的市民逐渐成长为城市社会主体的同时,"市民"这种具有普遍意义的称谓也出现了。

城市化进程是一把双刃剑,我们在享受商业与文化繁荣的同时,也面临新的挑战,因此我们应该从对历史的梳理中得到启示与思考。

城市化进程及其加速是社会发展到一定程度的必然结果,无须回避,除非发生重大的自然和社会变化,也无法逆转。在城市化进程中面临的诸多问题、挑战以及应对,是古今中外都不可避免的。城市化进程的

四、城市建设重心的下移与面临的新问题

加速,正是整个社会发生大变动、社会结构重组、社会资源再分配、生态环境对人类社会反作用凸显等的表征。

唐宋时期的城市化进程需要面对和解决的是:城乡关系问题、城市社会阶层的重组问题、利益集团与社会发展问题、财政税收体制的调整问题、城市管理问题(包括城市社会建设重心下移)。

中国古代城市是城乡二元体制中的主导一方,是历代政治、经济、文化的中心和重心所在。古代城市的发展有很强的阶段性特点,城市社会构成也有阶段性的变化,城市社会建设的演变与中国社会变迁、城市变迁密切相关。

站在新的历史起点上,我们关注的问题是,国家对城市社会建设的管理体制及机制;如何解决城市化进程中的新生问题,尤其是弱势群体的问题;如何认识国家和民间互动状态下的城市社会建设;等等。

城市社会建设重心下移,是适应唐宋以后市民社会的形成和发展的需要的。从唐中叶开始,封闭式的坊市制度逐步走向崩溃,突破了时间和空间的限制。一方面是唐以前封闭的坊市隔离制度的瓦解,商品交

易突破了固定场所和固定时间的限制,在沿河近桥和要道两旁逐渐形成新的"街市",北宋东京城以居民区、商业区混合为一的新型街道,取代了唐代两京四面立墙的坊市制度的旧格局;另一方面,城市经济日益繁荣,工商业发展,促使城市的人口结构改变、数量增加,城市中居民的职业结构也发生了变化。由于坊市制度的打破,社会生活呈现出更加丰富多彩的画卷,社会分工日益精细,城市从社会层面和地域空间都有了日益增大的缝隙,出现了边缘区域和边缘人群。这也是中古时期城市化进程中的必然结果。

城市边缘人群,也可称作弱势群体,大都处于社会下层,有些是小商小贩,有些是城市固定人口中的城市贫民阶层,那些没有固定职业的流动性人口也占有很大比重。因此,城市社会福利和保障措施对城市社会建设非常必要。

福利和保障措施集中在治病、赈济、救灾、扶贫等方面,其施行有两个基本路径:一是官府常年保障性的制度和应急时的临时举措,例如举行具有象征意义的祈雨等活动、平抑物价、救灾、稳定市场、救助贫困、设立"惠民局"(医药局)和办公共医院等;二

四、城市建设重心的下移与面临的新问题

是民间自发或在官府倡导下的举措。

史载,带有救助性质的公办医院,最早见于西汉平帝元始二年(公元2年)。北魏孝文帝曾在洛阳设立"别坊",对贫困交加又无近亲的病人,专门派遣医生,购置药品,对他们进行救治。南朝齐曾建有六疾馆、梁建孤独园,救助孤幼等。唐代贞观时期已出现疠人坊,武则天时期已经有了"病坊"的明确记载,主要是收容病人,可以说是官府主办的城市慈善性机构。宋代设置的惠民局,虽然是国家统一管理药品的职能部门,但每逢灾疫和饥馑严重时,都会有组织地对百姓施与药剂。这种制度也为后世所承袭。

寺院举办的无遮大会和施粥等普世性活动。自佛教传入中国,佛教寺院就主动承担了济贫、赈灾、医疗等方面的慈善工作。宋代以前的民间慈善事业大多由寺院僧侣和佛教信徒从事。宋代官办慈善机构规模扩大,政府职能日益凸显。居养安济院、安养院、慈幼局、病坊、慈幼庄、婴儿局、施药局等官办慈善机构基本都设在都城和大中城市,专门收养鳏寡孤独老弱幼残等,需要救助的人,大多属于城市发展过程中涌现出的弱势群体。

私人慈善事业,以行业或地域为核心形成的会社为主,它们经常为特定群体提供社会帮助。如唐代传奇小说《李娃传》中两市凶肆(经营丧葬业)就有救助"路倒"的义务;宋苏轼任杭州太守期间,于杭州城中捐资创置"安乐坊",由僧人主持,收治病人"以救疾疫"。

城市养老制度,汉律规定:不赡养老人,要处弃市之刑,即在闹市执行死刑并将犯人暴尸街头。南北朝时候的梁武帝在南京建了"孤独园",用于收留、赡养孤苦老人。宋徽宗在开封设"居养院",以救济孤寡老人。南宋时在杭州设有"养济院",将孤寡不能养活自己的老人登记备案,由国家赡养他们。

(二)公共服务体系的形成与建设

公共服务主要指由政府主持的面向公众的服务事业,如消防、环卫、防疫等。公共服务体系的形成是城市社会发展的需要,也是城市社会建设的重要内容。城市规划强调与自然的结合,体现严格的等级观念,都城的规划与建设体现得尤为明显。宋代以后,随着

四、城市建设重心的下移与面临的新问题

城市的发展,人与现有空间形成矛盾,农村人口大量向城市流动,于是,市政建设、园林景区、防火防盗、卫生环境等,都成为城市社会建设面临的新问题。

总体来看,中国古代城市公共服务缺位较多,很多相应的制度没有建立,很多社会建设问题是新出现的问题,公共服务体系体现的公共性、普惠性、社会公平性,在古代城市社会建设中是比较欠缺的。

除了政府的相应投入,民间团体会社逐渐发挥着越来越重要的作用,尤其是宗教团体在文化、教育、救济等方面的作用更为明显。

消防、环卫、绿化等都是城市建设的重要方面,随着城市的发展,人口的增加,这些方面的措施也逐渐完善。

1. 消防措施

政府设置专人负责,昼夜巡视,各家轮流值日,开火巷,疏通消防通道,设置固定的蓄水缸和随时调配的水车。东汉时期,"太史令"的职责包括"修火宪、察火事";"执金吾"的职责之一是察水火之禁,"掌

宫外戒司非常水火之事"[1]。《周礼·秋官司寇第五·上司爟》记载:"仲春以木铎修火禁于国中。"[2]即消防员手摇木铃在居民聚集区进行消防宣传,以提醒居民预防火灾。南北朝以后,都城及州县城都建有鼓楼,可供报时,也用于报警。唐代诗人皮日休有"腰下佩金兽,手持火铜铃"[3]的诗句,描述的应该是类似的措施。宋东京设立了消防队。城内每隔一里许设负责夜间巡逻的军巡捕,并在地势较高处砖砌望火楼瞭望。从元大都开始,在城市居中地区建造高大的钟楼与鼓楼,担任报警任务。明代京城有夜巡制度,"皇城外红铺七十二座,铺设官定十八夜巡,铜铃七十有八"[4],"初更遣军人摇振,环城巡警"[5],既防火又防盗。清代,杭州人口稠密,屡次发生火灾,严重者延烧十几里,受灾六万余家。于是为了防火,由城市居民共同承担巡

---

[1] 〔南朝宋〕范晔:《后汉书》志二七《百官四·执金吾》,第3605页。

[2] 〔清〕孙诒让:《周礼正义》,中华书局,2013年,第2399页。

[3] 〔清〕彭定求等编《全唐诗》卷六一〇皮日休《太湖诗·入林屋洞》,第7035页。

[4] 引自单士元《单士元集》第四卷《史论丛编》,紫禁城出版社,2009年,第126页。

[5] 引自孟凡人《明代宫廷建筑史》,紫禁城出版社,2010年,第144页。

视工作，以三十户为一个单位，各家轮流值日，每日早晚，轮值者至各家清查火患。这种官民共建共防的形式，有很多实例，不一一列举。

2. 环卫措施

自汉朝以来，城市环卫就逐渐受到重视。西汉文帝和景帝都曾下诏劝民种树，东汉时，我们还看到用于城市清洁和消防的垃圾翻斗车和洒水车，可以说是比较早的环卫机械了。史料中记载汉朝都城有"都厕"的设施，应该是最早的城市公共厕所。排水设施也是城市环卫的重要内容。夏朝的洛阳已经有了排水设施。汉长安城遗址已经发现了完整的排水系统，采用陶管和砖砌下水道。唐长安则在街道两侧挖有两米宽的明沟以排水。到了北宋，东京有四条河道穿城而过，对用水、漕运、排水都大有好处。设立城市环境卫生的管理机构——街道司，专管城市街道的清扫和积水的疏导工作。明代，城市配制了专职清洁工。北京城设有沟渠以供排泄雨水，并设有街道厅专司疏浚掏挖之职。明清时期的宫城（紫禁城）排水系统设计得非常科学，历经500年没有发生过暴雨积水的情况。清代绘有详尽的北京内城沟渠图，沟渠疏浚事宜由董姓商家世袭承包，被世人呼为"沟董"。

城市公共事业的发展和完善，也往往采取官民共建的方式，这也为城市社会建设的进一步发展提供了基本条件。

3. 城市绿化

中国古代对城市绿化尤其是都城绿化十分重视，历代帝都道路两侧都种植树木，北方以槐、榆为主，南方则柳、槐并用，由京兆尹（府）负责种植管理。对于都城中轴上御街的绿化布置，更为讲究：路中设御沟，引水灌注，沿沟植树。这种道边植树的做法，唐时还传到了日本。

（三）契约社会的形成与发展

超经济强制关系向契约关系的发展是社会的一大进步。契约制订和施行的范围很广泛，但绝大多数情况涉及买卖、交易、借贷、继承等经济活动。城市尤其是大城市，经济活动的规模大，频率高，范围广，

四、城市建设重心的下移与面临的新问题

随着商品经济的发展和城市市场经济的繁荣,大量的经济活动会带来很多因利益之争产生的纠纷;它们甚至会引发暴力行动,具有群体性、地下社会的特点。处理经济类纠纷以及因经济利益而导致的治安刑事案件,日益成为政府各级各类主管部门的重要工作,甚至占据了日常公务处理的大部分精力和大量的时间。

因此,规范城市社会经济关系,发展和完善契约制,对城市社会建设日益重要。敦煌藏经洞出土的经济类文书中就包括契约借贷文书。徽州文书(今安徽省歙县、休宁县、黟县、绩溪县、祁门县及江西省婺源县)中的南宋至民国年间的各类公、私契约文书,包括土地买卖文书、土地租佃文书、人身买卖文书、家产分析文书、赋役册籍、宗族租簿、商业账簿、商业合同、会社文书等。可以说,从唐代开始,社会契约关系逐渐发展,宋代时已经比较成熟了。尤其是在城市,交换、继承、买卖、典当、借贷等行为的频繁使契约关系得到进一步发展。

(四)重视城市生活服务业

唐人笔记小说中描绘了一个叫"罗会"的人,他因经营长安城的掏粪业而致富,家财巨万,馆舍华丽,衣着鲜艳,家具豪华,饮食讲究。他正是众多从事城市生活服务业商人中的一个,他们随着城市的兴盛而如鱼得水。

城市生活服务业的规模和水平是城市发展的重要"风向标",它包含着城市人口规模和城市居民消费结构及水平。城市生活服务业的发展也是城市社会建设的重要组成部分。

市场规模的扩大,是促进城市生活服务业兴盛的重要因素。生活服务业主要是指针对人的生活方面的服务,与直接的商品交易行为还是有区别的。

比如餐饮业,汉朝长安餐饮业已经有外卖的业务,唐代长安城中东西两市餐饮店可以用最快的速度承办三五百人的酒席。宋代"官府贵家置四司六局,各有所掌,故筵席排当,凡事整齐,都下街市亦有之。常

四、城市建设重心的下移与面临的新问题

时人户,每遇礼席,以钱倩之,皆可办也"[1]。

面向一般民众的生活服务业发展起来,唐人笔记小说中记载了城市中从事拾荒、餐饮、娱乐、屠宰、卜筮、邸店、色情、丧葬、典当、保洁、加工(木器、玉器、金银器)、修理、租赁、运输、金融信贷、雇佣劳力、转运、经纪人、卖薪炭、洗染、粮食加工等各色人员。北宋城市生活服务行业更是大发展,行医卖药的、箍桶的、掌鞋的、刷腰带的、补角冠的、修扇子柄的、淘井的、做司仪的、掏沟的、送外卖的、负责给宠物送食的、做房屋装修的,甚至细微到有些人家专门从事捶石莲取莲肉送果子讨生活,真是应有尽有。有些行业已经形成规模,如南宋的杭州城人户殷繁,掏粪业自有行规,"人家有泔浆,自有日掠者来讨去。杭城户口繁夥,街巷小民之家,多无坑厕,只用马桶,每日自有出粪人溉去,谓之倾'脚头',各有主顾,不敢侵夺;或有侵夺,粪主必与之争,甚者经府大讼,胜而后已"[2]。明清时期,大中城市的人力

---

[1] 〔宋〕耐得翁:《都城纪胜》,"四司六局"条,附于〔宋〕孟元老等的《东京梦华录(外四种)》,第95页。
[2] 〔宋〕吴自牧:《梦粱录》卷一三《诸色杂卖》,第122页。

市场也很红火，或是在闹市区，或是在桥头、街衢自发形成劳务市场，顾主可以到这些劳务市场寻找需要的劳力。

由于中国的传统城市，主要是消费性城市，日用品市场的兴旺，生活服务业的发展，尤其是面向大众的服务业的发展，成为城市社会建设的重要方面。

市民社会的发展，也有其历史局限性，城市社会向公民社会的迈进是脱古入今的根本方向。

（五）制约、冲突与调节

城市社会在发展过程中，制约因素有多种，流动人口的容纳量和城市资源的分配是其中比较主要的两个因素。

中国古代自商鞅变法起，就形成了严格的户籍管理制度，城乡二元结构也使得政府对城市居民的户籍有更严格的控制。但是城市社会发展的活力，往往来自于频繁的流动人口。唐代长安虽然实行严格的坊市

四、城市建设重心的下移与面临的新问题

制度,但仍然形成了"浮寄流寓,不可胜计"[1]的流动大军。五代后周世宗朝,定都开封,就面临着"东京华夷辐辏,水陆会通,时向隆平,日增繁盛,而都城因旧,制度未恢,……加以坊市之中,邸店有限,工商外至,络绎无穷"[2]的狭促局面。可知流动人口、外来人口对城市发展造成的巨大压力。

再看城市资源分配问题。

中国古代城市粮食供应是制约城市发展的最重要因素之一。隋炀帝开凿大运河,保证关中地区主要是京畿地区的粮食供应,是重要原因之一。隋唐两朝,都遇上过因灾荒京畿地区粮食供应缺乏,皇帝被迫率领文武百官和后宫暂时迁居洛阳"就食"的尴尬局面。北宋开封城面积远逊于唐长安城,但居民人口却多于长安城人口的重要原因,一是通过入城的汴河与江淮产粮区相衔接,能充分保证城市居民的粮食供应;二是城关地区的发展扩大了城市对流动人口和外来人口

---

[1] 〔清〕徐松撰,〔清〕张穆校补《唐两京城坊考》卷四《西京》,第118页。
[2] 〔宋〕王溥:《五代会要》卷二六《城郭》,第417页。

的容纳量。[1]

元代对运河进行了改造,主要是对大运河的走向采取了截弯取直的处理。在黄河以北开凿了会通河,在黄河以南开凿了济州河。改造后的大运河不再经过洛阳,而是穿过山东省直接南下。在郭守敬的主持下,又开凿了从通州到大都城内的通惠河,从杭州出发的漕船可以直接到北京城内的积水潭码头停靠卸货。全线贯通的大运河,将富庶的东部沿海区域与政治中心北京连接起来。

明清时期,北京城的粮食,主要依靠官府主持的漕运解决,供应对象是京城皇族、官吏、八旗兵丁及其家属、工匠等非农业人口。必要时,漕粮也作赈济饥民、弥补市场粮食短缺、平抑粮价之用。这些举措对都城的社会稳定非常重要。政府还出资购买和鼓励商人进京贩粮,以保障都城的粮食供应。

除了粮食外,城市资源争夺中最明显的当数土地资源以及衍生的住房问题,北宋东京开封城,"太平岁久""户口日滋""栋宇密接""略无容隙",人多地

---

[1] 参见宁欣《由唐入宋都城城关区经济职能及其变迁——兼论都市流动人口》,《中国经济史研究》2002年第3期。

四、城市建设重心的下移与面临的新问题

狭的矛盾十分突出。其他的稀缺资源也影响到城市社会的稳定,如水和燃料。唐代大诗人白居易的《卖炭翁》脍炙人口,在一定程度上反映了薪炭作为主要的燃料,在人口数量日益膨胀的大都市成为官民争夺的稀缺资源。

面对上述普遍存在的制约城市发展、影响城市社会建设的矛盾,政府的管理和调节职能成为解决问题的关键因素。

对人口的管理基本是采取控制和疏导的措施。所谓的控制,一是控制人口的总量,二是控制人口的类别。控制总量的措施就是实行严格的户口登记和户口管理制度,实行城乡户口分类制度,限制城乡之间人口的自由流动。但人口的流动仍然在每时每刻都发生着,以工商业者和进城务工的农民为主。

对因资源紧缺而产生的社会冲突和矛盾,主要采取的是倾斜与调剂相结合的原则。倾斜指的是向主流群体(包括皇室、贵族、官僚、大工商业者等)倾斜,保证他们的供给。调剂指的是政府采取积极措施,解决民生问题。如调拨粮食和其他紧缺物资,采取配给制的方式控制消费总量等。

有些冲突是无法从根本上解决的，如明代中后期发生多次和大范围的市民民变，反抗矿监矿使肆意征敛，罢市，杀充任监使的宦官，示威游行，填街塞路，倾动京畿。这是城市在发展中，市民利益受到损害时，采取相应的行动维护自己的权益，甚至不惜采取过激的手段。

（六）应急机制的形成和完善

应急、预警机制是为了防范和处理突发事件。突发事件大概有三种情况：一是外敌兵临城下（包括国内叛军）；二是城内非政治性民怨、民变、暴乱，或因流言谶言引发的社会普遍恐慌；三是粮食短缺、物价飞涨、恶钱充斥、各种带有普遍意义的经济纠纷（如宋代的房地产、强行拆迁等纠纷，或是开封城关或周边大型批发集散市场的打架斗殴纠纷）。我们这里讨论的主要是第三种情况。

对城市社会建设威胁比较大、影响范围比较广的主要有：疾疫、灾害（主要是火灾）、盗匪、饥馑、舆论引起的社会情绪失控，公共资源及公共服务缺失造

四、城市建设重心的下移与面临的新问题

成的混乱等[1]。因此,城市社会在长时段的发展中,逐渐形成了政府主导、民间辅助的应急机制。通过政府和民间两个渠道,预先防范、缓解冲突、消弭灾难、稳定社会。

在防火、赈灾、济困等方面,我们看到既有政府职能部门的作用,也有民间社会的参与。如南朝梁武帝时,郢城发生大疫,全城十万余口,"死者十七八"。朝廷给死者赐棺器盛殓,以防止疾疫传染。[2]从北宋末年开始,各地普遍设立漏泽园制度,以掩埋因贫困无以安葬的无主尸体。宋代以后,各地均效仿这一制度,普遍建立漏泽园,从而减少了经尸体繁殖传染病毒细菌的机会。政府还组织专人清理沟渠,疏浚阴沟,以防止"沟洫不通,气郁不泄,疫疠所由生

---

[1] 民变、叛乱、外敌、宫廷政变等虽然也对城市社会有很大的影响,对城市民众的不满和积怨有可能导致的抗法和暴力事件,特别是有组织的犯罪叛乱,政府采取了一系列防范措施,但本书暂不列入讨论范围,本书主要关注的是与民生有关的应急机制。

[2] 〔唐〕李延寿:《南史》卷六《梁武帝本纪》,中华书局,1975年,第174页。

也"[1]。

政府还往往采取一些象征性的措施，如引咎直言、避正殿减膳、改元、出宫女、令后宫亲蚕以示重视农桑、缓刑、降低官方贷款利率、减省费用、开仓赈恤、修葺灾民房屋、弛禁（屠杀采捕）、平抑物价、减免租税、祭祀山川等。在政府的提倡下，政府和民间也经常共同举行设醮、纸船送瘟神、龙舟竞渡等民俗活动，其目的也都与驱逐疫鬼有关。

政府的主导作用是明显的，但民间也会积极参与。如代宗广德年间，吐蕃军队兵临长安城下，武将王甫召集坊市少年数百人，"集六街鼓于朱雀街大鼓之，吐蕃闻之震慑，乘夜而遁"[2]。与此同时，民间社会组织，主要是行会社团和宗教组织，在协助政府应急和自救方面发挥着越来越重要的作用。如济困、扶贫、赈灾、应急、互助、防病治病等。很多学者已经关注到这些问题，有不少专门研究的论著，在此就不再赘述了。

---

[1] 〔宋〕朱熹：《晦庵先生朱文公文集》卷八八《龙图阁直学士吴公神道碑》，〔宋〕朱熹撰，朱杰人、严佐之、刘永翔主编《朱子全书》，第24册，上海古籍出版社、安徽教育出版社，2002年，第4113页。
[2] 〔宋〕王钦若等编撰：《册府元龟》卷三六七《将帅部》，第4154页。

余 论

城市社会的形成是一个渐进的过程，城市社会建设是一个不断探索和改善的过程。政府的主导作用是中国古代城市社会建设的特点，主要体现在各项制度的形成和完善上，以及政府对社会建设的引导和调节作用。

城市化进程中的各种新生矛盾和冲突是不可避免的，如何及时转变政府职能，如何解决日渐增加的弱势群体问题，如何发挥和引导民间及社会力量，广泛参与城市社会建设，逐渐解决城市居民遇到的与民生有关的各种问题，不仅是唐宋具有国际性意义大都市面临的新课题，也是我们今天将北京建设成世界城市面临的新课题。

从整个社会结构上看，城乡一体二元结构的格局

城市化进程的历史反思

并没有发生根本的变化,尤其是农村,但城市还是发生了很多局部性的变化:城市户口与乡村户口开始区别管理,城市人口的比重(实际)明显增加,城市流动人口增加,城市外来人口增加,社会经济发展重心向城市倾斜,城市建设重心向坊市区倾斜,以城市为中心的各级经济市场和经济圈形成。

我们应该充分认识以下四点:

一是城市化进程及其加速是社会发展到一定程度的必然结果,无须回避,除非发生重大的自然和社会变化,通常无法逆转。二是城市化进程中面临的诸多问题、挑战与如何应对,古往今来、古今中外都不可避免。三是城市化进程的加速,正是整个社会发生大变动、社会结构重组、社会资源再分配、生态环境对人类社会反作用凸显等的表征。四是唐宋时期的城市化进程需要面对和解决诸多问题:城乡关系重新设定问题,城市社会阶层的重组问题,利益集团与社会发展的矛盾问题,财政税收体制亟待调整问题,城市管理问题(包括城市社会建设重心下移)。

当前中国面临的很多问题都与城市化有关:户籍制度问题,教育公平问题,医疗资源分配问题,住房及房地产业问题,交通拥挤问题,刑事犯罪与治安问题,生态环境问题,食品安全问题,回顾历史上的城市化,并不能有针对性地解决当代遇到的问题和摆脱当前的困境,但从中可以得到启示,引发我们思考如何正确面对遇到的新挑战,以及反思历史上遇到的问题。

参考文献

古代文献（基本按成书时代排序）

[1]〔汉〕司马迁：《史记》，中华书局，1959年。

[2]〔南朝宋〕范晔：《后汉书》，中华书局，1965年。

[3]〔北魏〕杨衒之撰，周祖谟校释《洛阳伽蓝记校释》，中华书局，2010年。

[4]〔唐〕温大雅：《大唐创业起居注》，上海古籍出版社，1983年。

[5]〔唐〕魏征、〔唐〕令狐德棻：《隋书》，中华书局，1973年。

[6]〔唐〕李延寿：《南史》，中华书局，1975年。

[7]〔唐〕长孙无忌等撰，刘俊文笺解《唐律疏议笺解》，中华书局，1996年。

[8]〔唐〕杜佑：《通典》，中华书局，1988年。

[9]〔唐〕封演撰,赵贞信校注《封氏闻见记校注》,中华书局,2005年。

[10]〔唐〕李肇:《唐国史补》,上海古籍出版社,1979年。

[11]〔唐〕刘肃:《大唐新语》,中华书局,1984年。

[12]〔唐〕高彦休:《阙史》,丛书集成初编本,第2839册,中华书局,1985年。

[13]〔唐〕苏鹗:《杜阳杂编》,笔记小说大观本,广陵书社,1983年。

[14]〔五代〕王仁裕:《开元天宝遗事》,中华书局,2006年。

[15]〔后晋〕刘昫:《旧唐书》,中华书局,1975年。

[16]〔宋〕段安节:《乐府杂录》,中华书局点校本,2012年。

[17]〔宋〕段成式:《酉阳杂俎》,中华书局点校本,2018年。

[18]〔宋〕王溥:《唐会要》,中华书局,1955年。

[19]〔宋〕窦仪:《宋刑统》,中华书局点校本,1984年。

[20]〔宋〕薛居正:《旧五代史》,中华书局,1976年。

[21]〔宋〕李昉等编《太平广记》,中华书局,1961年。

［22］〔宋〕王禹偁:《小畜集》,四部丛刊本,上海书店出版社,1989年。

［23］〔宋〕王钦若等编撰《册府元龟》,凤凰出版社校订本,2006年。

［24］〔宋〕钱易:《南部新书》,中华书局,2002年。

［25］〔宋〕苏舜钦撰,傅平骧、胡嗣坤校注《苏舜钦集编年校注》,巴蜀书社,1991年。

［26］〔宋〕王溥:《五代会要》,上海古籍出版社,2006年。

［27］〔宋〕欧阳修、宋祁:《新唐书》,中华书局,1975年。

［28］〔宋〕司马光:《资治通鉴》,中华书局,1956年。

［29］〔宋〕文莹:《玉壶清话》,中华书局,1984年。

［30］〔宋〕宋敏求、〔元〕李好文撰,辛德勇、郎洁点校:《长安志·长安志图》,三秦出版社,2013年。

［31］〔宋〕王辟之:《渑水燕谈录》,中华书局,1981年。

［32］〔宋〕王谠撰,周勋初校证《唐语林校证》,中华书局,2008年。

［33］〔宋〕蔡绦:《铁围山丛谈》,中华书局,1983年。

［34］〔宋〕阮阅编《诗话总龟》,《增修诗话总龟》,

四部丛刊本,上海书店出版社,1989年。

[35]〔宋〕朱熹撰,朱杰人、严佐之、刘永翔主编《朱子全书》,上海古籍出版社、安徽教育出版社,2002年。

[36]〔宋〕吕祖谦编《宋文鉴》,中华书局,1992年。

[37]〔宋〕李焘:《续资治通鉴长编》,中华书局,2004年。

[38]〔宋〕陆游:《老学庵笔记》,中华书局,1979年。

[39]〔宋〕吴曾:《能改斋漫录》,上海古籍出版社,1979年。

[40]〔宋〕王明清:《挥麈录》,中华书局,1961年。

[41]〔宋〕耐得翁:《都城纪胜》,附于〔宋〕孟元老等:《东京梦华录(外四种)》,古典文学出版社,1957年。

[42]〔宋〕王栐:《燕翼诒谋录》,中华书局,1981年。

[43]〔宋〕周煇撰,刘永翔校注《清波杂志校注》,中华书局,1994年。

[44]〔宋〕吴自牧:《梦粱录》,浙江人民出版社,1980年。

[45]〔元〕脱脱:《宋史》,中华书局,1977年。

［46］〔明〕田汝成辑撰《西湖游览志馀》，上海古籍出版社，1980年。

［47］〔明〕彭大翼：《山堂肆考》，文渊阁四库全书本，第975册，上海古籍出版社，1989年。

［48］〔清〕彭定求等编《全唐诗》，中华书局，1960年。

［49］〔清〕毕沅：《关中胜迹图志》，三秦出版社，2004年。

［50］〔清〕徐松撰，张穆校补《唐两京城坊考》，中华书局，1985年。

［51］〔清〕董诰等编《全唐文》，中华书局，1983年。

［52］〔清〕徐松辑《宋会要辑稿》，中华书局，1957年。

［53］〔清〕徐松撰，李健超增订《增订唐两京城坊考》，三秦出版社，2006年。

［54］〔清〕孙诒让：《周礼正义》，中华书局，2013年。

今人著作（按书中出现的顺序）

［1］同济大学城市规划教研室编《中国城市建设史》，中国建筑工业出版社，1982年。

［2］叶骁军：《中国都城历史图录（第三集）》，兰州大学出版社，1987年。

［3］ 毛汉光:《中国中古社会史论》,联经出版事业公司,1988年。

［4］ 杨宽:《中国古代都城制度史研究》,上海古籍出版社,1993年。

［5］ 冯尔康:《中国社会结构的演变》,河南人民出版社,1994年。

［6］ 中国唐代学会编辑委员会编《第二届唐代文化研讨会论文集》,台湾学生书局,1995年。

［7］ 王曾瑜:《宋朝阶级结构》,河北教育出版社,1996年。

［8］ 杨鸿年:《隋唐两京坊里谱》,上海古籍出版社,1999年。

［9］ 伊永文:《宋代市民生活》,中国社会出版社,1999年。

［10］ 陈振:《宋史》,上海人民出版社,2003年。

［11］ 李孝聪主编《唐代地域结构与运作空间》,上海辞书出版社,2003年。

［12］ 单士元:《单士元集》第四卷《史论丛编》,紫禁城出版社,2009年。

［13］ 孟凡:《明代宫廷建筑史》,紫禁城出版社,

2010年。

[14] 杨振红、〔日〕井上彻编《中日学者论中国古代城市社会》,三秦出版社,2007年。

[15] 〔日〕中村圭尔、辛德勇主编《中日古代城市研究》,中国社会科学出版社,2004年。

论文(按书中出现的顺序)

[1] 陕西省文物管理委员会:《唐长安城地基初步探测》,《考古学报》1958年第3期。

[2] 中国科学院考古研究所西安唐城发掘队:《唐代长安城考古纪略》,《考古》1963年第11期。

[3] 吴涛:《北宋东京城的营建与布局》,《郑州大学学报》1982年第3期。

[4] 郭正忠:《唐宋时期城市的居民结构》,《史学月刊》1986年第2期。

[5] 徐勇:《古代市民政治文化的独特性与局限性分析》,《江汉论坛》1991年第8期。

[6] 赵望秦:《"独柳树"地点考实》,《中国历史地理论丛》1999年第1期。

[7] 宁欣:《由唐入宋都城城关区经济职能及其变

迁——兼论都市流动人口》,《中国经济史研究》2002 年第 3 期。
[8] 吴铮强:《中国古代市民史研究述评》,《云南社会科学》2003 年第 1 期。

日本学者论著(按书中出现的顺序)

[1] 〔日〕妹尾達彦:《唐代長安の店舗立地と街西の致富譚》,《布目潮渢博士古稀記念論集·東アジアの法と社会》,汲古書院,1990 年。
[2] 〔日〕妹尾達彦:《唐長安人口論》(《堀敏一先生古稀記念論集中国古代の国家と民衆》,汲古書院,1995 年。
[3] 〔日〕妹尾達彦:《长安の都市計画》,講談社,2001 年。
[4] 〔日〕妹尾達彦:《唐代長安の盛り場(上)》,《史流》第 27 号,1986 年。
[5] 〔日〕妹尾達彦:《唐代長安の盛り場(中)》,《史流》第 30 号,1989 年。

本书作者相关著作(论文略)

[1] 宁欣:《唐宋都城社会结构研究》,商务印书馆,2009年。
[2] 宁欣:《唐史识见录》,商务印书馆,2009年。
[3] 宁欣:《唐史识浅录》,北京师范大学出版社,2016年。

后　记

在本书中，我将近年我对古典城市化问题系列研究的部分内容进行了归纳和整合，其中大部分内容已经发表，也增补了一些新的研究体会。本书主要围绕城市社会结构、社会阶层、城市布局、城市不同层次的空间以及城市建设重心等问题展开。希望对如何认识唐宋城市社会研究有裨益。

本书的参考文献部分比较简略，主要列举了本书引用的书著，见谅。

感谢北京师范大学历史学院推出"通古察今"系列丛书，感谢河南人民出版社及责编辛勤劳动付出，感谢张天虹和李明阳先生对全书的审读和校对，避免了很多错、漏。